Guide de relaxation pour ceux qui n'ont pas le temps

DU MÊME AUTEUR

Quelqu'un derrière la porte
Préface de Françoise Chandernagor
Mediaspaul, 1990

Chahuté, moi ? Jamais !
Fleurus, 1re édition 1991, 2e édition 1992

Fais pas la grimace à Dieu
L'Harmattan, 1993

Les Oiseaux pour sourire et rêver
Préface de Jérôme Garcin
L'Harmattan, 1994

La Méthode du chat
Seuil, 1998

HENRI BRUNEL

Guide de relaxation pour ceux qui n'ont pas le temps

Vingt-deux recettes « efficaces et goûteuses »

Postface du Dr Cuvelier

ÉDITIONS DU SEUIL
27, rue Jacob, Paris VIe

ISBN 2-02-030008-7

« Si ce que tu dis n'est ni beau, ni bon, ni vrai, alors tais-toi ! »

Socrate

À MA MÈRE

À MES ÉLÈVES

À MES HUIT PETITS-ENFANTS

PRÉLUDE

« Je me suis assise à ton seuil...
Sur la marche tiède... »
(Marie Noël)

La *relaxation* peut bouleverser nos vies; elle ouvre en nous des chemins ignorés, pénètre au cœur de la citadelle, elle est une passerelle vers le Bonheur. Comment écrire à son sujet sans tourner sept fois la plume dans l'encrier? Comment prévenir les risques de manipulation, les dérives, les excès? Comment créer par le biais d'un livre cette relation privilégiée et confiante, qui doit se nouer entre celui qui apprend et celui qui sait un peu de vérité? Comment ne rien dire qui nuise, et rien qui ne *serve*? être sérieux sans être grave, informer, guider, sans jamais blesser la liberté?

J'ai longtemps médité, tâtonné, fait, refait, douté avant de présenter ce petit ouvrage « original ». Je n'ai pas voulu écrire un traité de plus, il en existe déjà des centaines, et certains remarquables. J'ai choisi d'offrir un livre honnête et malicieux, un livre de passeur, un livre d'amitié. Nos contemporains étourdis d'images et de bruits ne s'intéressent qu'aux résultats immédiats, ils ont besoin de concret. Je propose des « recettes » dont l'effet est quasi instantané, patent et... limité.

Mais j'invite à poursuivre, j'ouvre des portes, je donne les clefs, j'entrebâille sur le lointain. Je ne dis rien qui ne soit dûment rodé, estampillé, et sans danger. Je partage le meilleur de ce que je sais. Mais le voyage, au bout du compte, c'est seul, que vous le ferez. Bonne chance au pays de la relaxation !

Henri BRUNEL

UNE APPROCHE ORIGINALE DE LA RELAXATION

Les personnes tendues se brûlent. Elles gaspillent follement leur énergie vitale, jetant dans le brasier leur adénosine triphosphorique (ATP). Elles préparent une terre accueillante, de sympathiques autoroutes aux maladies psychosomatiques : hypertension, asthme, ulcères de l'estomac et du duodénum, colites, dermatoses, troubles cardio-vasculaires, migraines, insomnies, etc. Elles tendent, si j'ose dire, un cou docile au lacet des névroses. Elles perdent la maîtrise de leur mental, et n'assurent plus le sage gouvernement de leur corps. Bref, elles gèrent absurdement leur vie. Je propose une solution : la relaxation.

– Je vous remercie de votre conseil, cher auteur, et vous n'êtes pas le premier à me le susurrer. Mais croyez-vous que ce soit si facile ? Je suis un homme actif, conseiller en entreprise je voyage d'un bout à l'autre du pays, et souvent à l'étranger. Je suis d'un tempérament anxieux. Qu'y puis-je ? J'aimerais sans nul doute être une sorte de Phileas Fogg au sang-froid imperturbable, posséder l'équilibre du dalaï-lama, la paix intérieure d'un moine trappiste, la sérénité de Gandhi, mais ce sont là rêves et fumées...

– J'insiste, essayez de vous *relaxer* !

– J'ai passé ma vie à me relaxer !

« On m'a conseillé le sport ; je me suis mis sans délai au jogging, squash, tennis. L'hiver en montagne : ski alpin, monoski, parapente. En été la mer : skimboard, bodyboard, et même longboard, un peu de morey-boogie évidemment. *Épuisant !*

« Un médecin ami m'a recommandé... la marche ! Je m'ennuyais trop. J'ai goûté à l'hydrothérapie – natation, bains d'algues, cures de remise en forme ; une année j'ai effectué un séjour dans une station thermale ; séjour remboursé par la Sécurité sociale ! J'ai usé de la nourriture comme d'un calmant, j'étais devenu un drogué au chocolat. J'ai grossi de vingt kilos en trois mois, que j'ai dû perdre en deux. *Éprouvant !*

« Bien entendu j'ai fait le tour des anxiolytiques. J'avais commencé "pianissimo", ensuite "allegro" : j'avalais chaque matin ma petite pilule de bonheur, et "fortissimo" : je ne pouvais plus m'en passer. J'étais devenu tellement amorphe, que je devais absorber des excitants pour me réveiller ! Bilan : Des espoirs de courte durée, implacablement suivis d'échecs. Je suis résigné. Je serai toute ma vie angoissé, stressé. C'est ainsi. Point.

– Avez-vous pensé aux véritables méthodes de relaxation ?

– Quelles méthodes ? Il en existe autant que de recettes pour maigrir ! Tenez ! J'ai eu naguère une amie passionnée de yoga. Sympathique mais farfelue. Elle possédait toute une bibliothèque sur le sujet : les manuels de Yesudian, d'Eva Ruchpaul, de Van Lysebeth, le yoga en bande dessinée de J.-P Roumanes, le *Yoga pour elle* d'Ed. Longue, je vous cite au hasard, mais il y avait pêle-mêle des traités de sophrologie, le *Training autogène* du Dr Schultz, *La Relaxation progressive* du Dr Edmund Jacobson, la méthode de Françoise Mézières, celle de Louise Ehrenfelds, de Moshe Feldenkrais, de Muriel Jaër.

Cette dernière m'a retenu un moment. Elle préconisait une relaxation inspirée par les libres mouvements de la danse javanaise... pourquoi pas ? Je vous passe l'eutonie de Gerda Alexander, et l'eurythmie de Rudolf Steiner, les ouvrages prônant la musicothérapie, les massages relaxants, la visualisation lumineuse, etc. Comment choisir ? Un jour de bonne volonté, j'ai résolu de m'attaquer au livre du Dr Jacobson, *Savoir relaxer*. Une demi-heure de lecture m'a suffi. C'était affreusement long et rébarbatif. Se relaxer devenait un métier. J'ai abandonné.

– Je compatis, cher monsieur, au récit piquant et quelque peu ébouriffant de vos déboires ! Ne vous offensez pas, je vous prie, de ce ton malicieux. La relaxation ne se conçoit sans l'humour qui dédramatise, le sourire et l'amitié qui ensoleillent, le respect qui laisse ou rend à chacun sa dignité.

« Cependant, je comprends votre désarroi. Les manuels de "relaxation" ont poussé ces dernières années comme les champignons à l'automne. Les traités les plus sérieux sont parfois de lecture ingrate, ils exigent trop du néophyte. C'est que souvent la relaxation est envisagée au bout du chemin, quand elle est maîtrisée, quand elle génère une attitude constamment juste, en exact équilibre entre la tension et le relâchement, comme un idéal de vie. Mais au début du chemin, on est perdu, étourdi dans le tintamarre des méthodes proposées, rebuté par la difficulté des meilleures. Il est parfois indispensable de recourir à un guide éclairé : psychologue, médecin, psychiatre spécialisé, professeur de yoga, etc.

– Si vous me renvoyez aux « spécialistes », je me demande, excusez-moi, à quoi peut bien être utile le livre que vous nous présentez ! ?

1. *Savoir relaxer pour combattre le stress,* 1980, Éd. de l'Homme.

– Mon approche est originale, je me situe aux marches du temple. Je suis le *portier* de la relaxation. J'accueille sur le seuil avec le sourire de l'amitié : les hésitants, les étrangers, les égarés, les exclus, j'interpelle les affairés, les surmenés, les indifférents et même les récalcitrants.

JE M'ADRESSE À :

Ceux qui voudraient bien entrer, mais n'osent pas en raison de leur âge, de leur pauvreté, de leur handicap physique, culturel ou social...

Ceux qui ont la peau de l'âme fragile que la vie blesse à l'excès, stressés pour un mot, un geste, une vétille, et qui n'imaginent pas qu'une solution existe... à leur portée.

Ceux qui ont déjà « essayé » un peu de yoga, un peu d'eutonie, un peu de cela un peu de ceci, à la cueillette du hasard, n'ont jamais rien choisi, perdus avant d'avoir commencé.

Ceux qui compensent en activités frénétiques leurs pulsions d'angoisse, cyclistes maudits qui ne peuvent une seule seconde cesser de rouler sous peine de s'effondrer.

Ceux qui n'ont réellement pas le temps. Je pense aux mamans accablées d'enfants, qui font deux journées en une, et qui ne peuvent jamais « voler » une heure de solitude, de silence, de paix.

Ceux qui se moquent ouvertement de ces « méthodes de relaxation », les tiennent pour coquecigrues ; mais qui ont peur le soir, en secret.

Et tous ceux que j'oublie...

Je m'adresse : aux angoissés chroniques, aux stressés d'occasion...

À tous ceux-là, clos sur une vie absurde, verrouillés dans le malheur au quotidien, je leur offre :

DES TECHNIQUES DE RELAXATION
simples, efficaces, sans danger.

UN ÉVENTAIL DE RECETTES
choisies avec soin parmi des centaines.

Le livre en main, on fait son menu. Chacun privilégie la ou les « recettes » qui correspondent le mieux à sa personnalité, s'harmonisent avec la couleur du jour, s'ajustent aux circonstances. Bien entendu, ces relaxations ne *suppriment* pas l'anxiété, elles l'écrêtent, enlèvent le vif de l'angoisse, stoppent les débuts de panique, soulagent aux moments difficiles. Elles donnent loisir de se reprendre, de se maîtriser et d'aborder la coque intacte dans les eaux apaisées. Elles permettent de recourir à bon escient à des techniques plus complexes, qui ne sont pas toujours exemptes de danger.

J'ajoute que ces « recettes » à la fois anodines et subtiles, je ne les ai pas tirées d'un chapeau. Je les ai choisies une à une, et longuement expérimentées au cours de mes années de pratique. Elles ne comportent aucune contre-indication, elles sont efficaces et goûteuses.

Tout cela est trop beau pour être vrai ! Il y a quelque part un piège, un prix à payer ! *« In cauda venenum »*, dit la maxime latine. « C'est à la fin que se trouve le poison »... Je plaisante. Je plaisante, et cependant je dois avouer que ces « recettes » ne sont opérantes que sous trois conditions :

Essayer

Il faut les essayer !

Vous aurez beau lire et relire cent fois ce livre, il vous faudra en fin de compte « sauter le pas », essayer. Nul ne peut se relaxer à votre place.

Persévérer

Votre choix fait, la relaxation amorcée, il faut tenir, il faut vous obstiner ! Combien de temps ? Cela dépend de votre « qualité » d'anxiété, de la cohérence entre votre choix et votre personnalité, etc. Pour vous aider, et vous fournir des repères, je signale dans le cours du livre les relaxations particulièrement rapides, les « express », et les plus lentes, les « escargotes » comme les nommait joliment l'un de mes élèves. Le signe —= pour les premières, et un symbole en forme de colimaçon ◎ pour les secondes vous permettra de les distinguer.

Vous aimer

Enfin il faudra vous aimer, vous regarder avec bienveillance, humour et lucidité. L'amour équitable de soi est la *pierre d'angle* de toute relaxation.

« Vous vous êtes abordés comme coquelicot et blé », écrit avec une musicalité tendre le poète René Char. La poésie dit souvent mieux qu'un discours de raison la vérité cachée et difficile. Aimez-vous ! Soyez entre vous et vous « comme coquelicot et blé », et souriez ! Ne pesez pas, soyez légers. Je ne plaide pas pour l'insouciance et la frivolité, mais pour une juste appréciation des bosses, que vous prenez pour des montagnes, et des petits ennuis que vous nommez tragédies.

La relaxation est une stratégie du bonheur. On ne peut tout dire dans un livre. J'offre des solutions, un coup de main, un instant de fraternité. Le reste c'est vous qui le ferez.

> Le bonheur est dans le pré. Cours-y vite, cours y vite.
> . . . .
> Si tu veux le rattraper, cours-y vite. Il va filer.
>
> (Paul Fort)

EXPRESS OU ESCARGOTES ?

« Nous allons faire ensemble
un chemin d'amitié. »

Les vingt-deux relaxations proposées sont classées en trois catégories : locales, générales et mentales.

1. LOCALES

Ces relaxations visent un organe précis, ou une contraction bien déterminée. Ex : « la relaxation de la langue ». Elles sont subdivisées en relaxations « express » et « aléatoires ». Les « express », signalées par le symbole ⚌, s'apprennent rapidement et détendent en quelques minutes. Elles ne réclament aucune posture singulière, elles peuvent être exécutées discrètement dans la rue, au bureau, n'importe où. Leur effet est généralement limité.

Les « aléatoires », signalées par le symbole ∿, varient beaucoup d'une personne à l'autre. Le meilleur exemple est le « palming » (relaxation des yeux), que certains apprennent, si j'ose dire, en un « clin d'œil » et d'autres jamais complètement.

2. GÉNÉRALES

Ces relaxations s'adressent à l'ensemble du corps. Ex. « la station debout ». Elles se subdivisent en relaxations « express » , « aléatoires » et « escargotes ». Les « escargotes », signalées par un symbole en forme de colimaçon ◎, exigent un temps plus ou moins long d'apprivoisement. Elles postulent une oasis de calme. Elles ouvrent éventuellement sur d'autres niveaux de conscience.

3. MENTALES

Ces relaxations privilégient l'attitude intérieure. Ex. : « La prière », ou « Vivre le présent ». Elles se subdivisent en relaxations « escargotes » et « aléatoires ».

TABLEAU
DES VINGT-DEUX RELAXATIONS

Locales		
EXPRESS	*ALÉATOIRES*	*ESCARGOTES*
La langue Les yeux Les épaules Les sourcils Les lèvres	Le palming La boule œsophagienne Les oreilles	

Générales		
EXPRESS	*ALÉATOIRES*	*ESCARGOTES*
Le rire En promenade Respiration En voiture Debout	Relaxation du geste Les cinq sens	La grande relaxation

Mentales		
EXPRESS	*ALÉATOIRES*	*ESCARGOTES*
	La relaxation secrète	La relaxation du oui L'image du corps Vivre le présent Récurer la mare La prière

RELAXATIONS LOCALES

RELAXATION DE LA LANGUE

Mme C. est une bavarde impénitente. Elle a la parole pour refuge et pour abri. Je la connais bien, c'est une élève de mon cours de yoga.

– Ah ! que je suis heureuse de vous voir ! Depuis ce matin, j'ai une boule là...

Elle me désigne d'un doigt boudiné le creux de son estomac.

« Figurez-vous que ma belle-fille m'a jetée dehors ! Il paraît que je me mêle de ce qui ne me regarde pas ! Tout cela parce que je lui faisais observer que le petit Julien partait à l'école sans son imperméable, alors que cet enfant est fragile, cet hiver il nous a fait une bronchite, il est comme son père...

– Stop ! dis-je, avec fermeté.

J'ajoute en souriant :

« Si vous voulez, je vais vous indiquer une relaxation qui dissipera votre boule là, au creux du plexus solaire !

– Je veux bien ! soupire-t-elle, avec reconnaissance. Mais... je n'ai guère le temps ce matin, les courses, le repas et j'ai rendez-vous cet après-midi avec ces dames du comité, vous les connaissez...

Je l'interromps en plein élan.

– Vous allez vous relaxer ici !

Mme C. me regarde stupéfaite, ses mains se crispent sur son Caddie. Autour de nous de rares clients circulent entre les rayons du supermarché.

« Vous me faites confiance ?

Elle hésite un instant, puis acquiesce.

« Bien ! Je vais vous prescrire une relaxation de la langue...

– De la langue ? Mais c'est sur l'estomac que ça m'oppresse, ça m'étouffe !

Je ne réponds pas. Je ne vais pas lui expliquer ici que le stress dont elle se plaint, et qui se manifeste au niveau du plexus solaire va être désamorcé ailleurs. La relaxation qui est une démobilisation des muscles volontaires peut concerner n'importe quel endroit du corps. Ensuite elle se propage dans tous les muscles volontaires et muscles lisses, comme ronds dans l'eau d'un étang. La langue qui comporte dix-sept muscles très actifs est un bon angle d'attaque, singulièrement quand l'on s'adresse à un bavard. Je lui souris avec toute l'affection que j'éprouve spontanément pour mes élèves de yoga, et je commence :

– Imaginez le volume de votre cavité buccale, vous la voyez ? Détendez les mâchoires en bas, les dents doivent à peine s'effleurer, explorez avec la langue l'arrière des incisives, le palais rugueux près des dents et le voile si doux. Prenez conscience du volume de la langue, de son attache dans l'arrière-gorge. Représentez-vous maintenant la masse tout entière de langue de la base à la pointe, laissez-la s'affaisser, s'aplatir au fond de la bouche comme une sole échouée sur le sable du fond de l'eau. Sentez votre langue molle, chaude,

« UNE » RELAXATION DES YEUX

« Une » et non pas « la », il existe en effet des dizaines de relaxations des yeux, toutes intéressantes. Celle que je propose ici a le mérite de la simplicité et une grande efficacité en cas de crise aiguë. Elle émousse l'acmé, la pointe de l'angoisse, et donne le temps de recourir à d'autres moyens ou d'appeler le médecin. Témoin cette anecdote.

Cet été-là mes deux filles, leurs maris du week-end[1] et mes huit petits-enfants s'étaient installés dans un gîte rural à deux pas de mon village ; solution idéale, qui préservait le rythme de vie de chacun sans rompre le lien de proximité et de tendresse. Un matin de juillet, je trouve ma fille aînée seule dans le jardin. Elle a le visage pâle, défait, elle respire à petits coups haletants, et tient à la main son aérosol de Ventoline.

– Tu as une crise d'asthme ?

– Oui, j'en ai, ai eu toute la nuit... hoquette-t-elle.

– Et la Ventoline ?

– Je crois que j'en ai trop, trop pris, je suis mal, j'ai peur, papa !

– Tu vas faire immédiatement ce que je vais te dire. Tout de suite ! ajouté-je, un peu rudement.

1. Mes deux gendres rejoignaient leurs familles respectives pendant les week-ends.

indolente, amorphe. Résistez aux envies de l'agiter, maintenez-la avec patience étalée, calme, au repos[1].

Mme C. me regarde avec dans l'œil une lueur bizarre, manifestement elle ne me croit pas. Mais elle n'ose me contredire et me quitte sur un salut courtois. Je ne revois Mme C... que plusieurs jours plus tard. Quand j'arrive à mon cours de yoga, elle pérore au milieu d'un groupe de dames, je m'approche sans bruit et je l'entends qui parle, qui parle... avec volubilité de la « relaxation de la langue » !

– C'est extraordinaire, on peut la pratiquer en faisant ses courses, chez le médecin, en voiture, pas besoin de s'allonger sur un tapis.

Je m'éloigne en tapinois, et je souris dans ma barbe.

1. Un signal physiologique très net (un flot de salive envahit la bouche) annonce le début de la détente.

« Tu vois la prairie, et la colline au loin ? Laisse tes yeux errer dans le paysage, essaie de ne rien nommer, ne juge pas, accueille avec confiance, ris un peu de toi-même, souris en te laissant envahir, baigner. Non ! Ne te tourne pas vers moi ! Démobilise tes yeux, regarde sans voir, sans « percevoir », ne compare pas, n'analyse pas, accueille, accueille, souris... Ainsi trois ou quatre fois.

Enfin le visage de ma fille s'apaise, je n'aperçois plus danser dans ses yeux la petite lueur folle de l'anxiété.

– Ça va mieux, papa ! soupire-t-elle.

– Maintenant, va te reposer un instant. Si tu veux j'appelle le médecin.

Elle sourit sans me répondre, et bras dessus bras dessous nous rejoignons la maison de vacances qui s'éveille.

Dans cet exercice de relaxation « minute », j'ai pris appui sur les yeux pour induire une relaxation générale, et stopper un commencement de panique. À cela deux raisons. Ma fille aînée a des yeux noir de braise vifs et perçants qui détecteraient une épingle dans un parquet au bout de la pièce. Un organe sain, en bon état de fonctionnement répond de façon plus rapide et plus efficace à un ordre de relaxation. Les yeux ont un rôle très particulier dans la gestion de notre sécurité. Ce sont eux qui signalent avant les quatre autres sens les dangers éventuels, ce sont les sentinelles de l'organisme. Ils sonnent le début et la fin de l'alerte. Nous sommes conditionnés à leur obéir.

Une relaxation « éclair » soulage sur l'instant, parfois évite le pire, elle ne guérit pas. Mais ce n'est déjà pas si mal de mettre dans nos vies un peu de sagesse et de sourire.

LA RELAXATION DES ÉPAULES

– Il y a un monsieur qui désire vous voir !

J'aperçois par l'entrebâillement de la porte un petit nez semé d'éphélides et les boucles rousses de l'une de mes élèves de yoga.

– Je n'ai guère le temps... soupirai-je, le cours commence dans cinq minutes...

Je n'ai pas fini de parler que le monsieur est entré. La quarantaine élégante, le visage souriant, il me tend avec aisance sa main à serrer.

– Oui ? dis-je, en me reculant un peu, et je manque faire dégringoler une pile de livres.

Mon bureau dans cette salle de yoga est un placard de cinq mètres carrés.

– Cher monsieur, ou dois-je vous appeler maître ? dit l'homme d'un ton cérémonieux frisé d'insolence, je souhaiterais inscrire mon épouse à votre cours de yoga ; elle en a besoin, la pauvre !

Le langage et les façons de cet homme m'agacent.

– Écoutez, dis-je un peu sèchement, j'aurais préféré qu'elle vînt en personne.

– Ah ! la pauvre chérie est tellement timide ! Toujours sur les nerfs, enfin vous voyez... avec toutes les bonnes femmes que vous avez ici, vous devez avoir l'habitude !

– Il est exact, dis-je froidement, que les hommes sont en minorité et pourtant certains tireraient un net bénéfice du yoga, ne serait-ce qu'en apprenant à se relaxer.

– Pas moi en tout cas !

Il rit.

« Je suis toujours détendu, et il me sourit toutes les dents dehors, les jambes légèrement écartées, l'air parfaitement sûr de lui.

– Vos épaules ! fais-je remarquer.

– Mes épaules ?

– Oui, vos épaules sont contractées.

D'un seul coup ses épaules retombent, s'affaissent comme un vêtement qui coule hors de son cintre.

– Je ne m'en rendais pas compte ! avoue-t-il, brusquement décontenancé.

Le « monsieur » parti, j'observe avec humour que ce dialogue m'a un peu échauffé et que mes épaules sont contractées ! Je les détends rapidement en me moquant de moi-même. La tension des épaules est l'une des plus communes qui soient, elle survient presque automatiquement dans les situations de stress, même léger. Or, si l'on prend garde aux sourcils froncés, à la mâchoire bloquée, aux poings serrés, si l'on remarque la boule œsophagienne, la barre rétrosternale, etc., on oublie facilement la contraction des épaules.

COMMENT RELAXER LES ÉPAULES ?

Les relaxations « locales » qui concernent un muscle ou un groupe de muscles bien déterminé suivent à peu près le même protocole qu'il est utile de rappeler.

1. Repérage

On repère le ou « les » muscles contracturés. On les nomme, on les visualise dans la mesure du possible. Par exemple, le principal responsable de la contracture de l'épaule est le « trapèze ». Ce muscle plat s'étend de la colonne vertébrale (région cervico-dorsale) jusqu'à l'épaule. Mais il est presque impossible à moins d'être un spécialiste de nommer et *a fortiori* de visualiser tous les muscles mis en jeu dans les diverses contractures de l'épaule : le deltoïde, le grand et le petit pectoral, le coraco-biceps, etc. Le repérage est alors cénesthésique, on s'efforce de « sentir » la tension musculaire. Dans ce but l'on contracte et on laisse se détendre les muscles concernés. C'est dire que l'on provoque sciemment une tension et qu'on cesse de la provoquer. On renouvelle ce processus, en diminuant graduellement l'intensité : tension, détente, tension, détente... jusqu'à pouvoir déceler les changements infimes grâce à une perception de plus en plus subtile.

2. Démobilisation

La relaxation n'est rien autre pour l'essentiel qu'un ordre de « démobilisation ». Fin de l'alerte ! Repos ! Quand cette suggestion s'adresse à un muscle ou à un groupe de muscles ainsi « repérés », elle acquiert une redoutable efficacité. C'est nous qui créons la tension, et c'est nous qui pouvons la supprimer. Ce que nous faisons, nous pouvons le défaire. Il suffit de le vouloir.

3. Exercice pratique

Supposons que vous vous surpreniez au bureau, dans la rue, ou en pleine discussion mouvementée avec votre épouse, les épaules ridiculement remontées, contracturées. Vous n'avez pas le temps d'effectuer un « repérage » en règle. Voici comment vous pouvez procéder.

Premier réflexe : l'humour. Soyez lucide et amical envers vous-même, dites par exemple : « Et alors, mon épaule, qu'est-ce qui te prend à te tétaniser ainsi, où veux-tu aller, tu veux percer le plafond ? » Ensuite vous accentuez volontairement le haussement d'épaules, vous « repérez » la tension au sommet du dos et sur les côtés à la base de la nuque. Vous détendez. Vous ramenez les épaules en arrière, repérez la tension entre les omoplates en direction de la colonne vertébrale. Détendez. Faites discrètement quelques mouvements de circumduction (roulez les épaules d'avant en arrière, et inversement, en un mouvement circulaire). Détendez. Vous constaterez aussitôt que vous respirez mieux, plus librement, vous sentirez la pointe du stress s'émousser, se dissoudre, un effleurement délicieux vous caressera la poitrine et le dos... vous retrouverez votre humeur équanime.

– Que disions-nous, chérie ? demanderez-vous gracieusement à votre épouse.

– Scélérat ! tu allais me traiter de garce hystérique !

– Pas du tout, pas du tout ! Je te trouve pétulante, un peu vive et spontanée sans doute, mais néanmoins adorable.

Votre femme, les yeux encore exorbités, les cheveux en bataille, vous lance un regard incrédule :

– Qu'est-ce qui t'arrive ?

– Rien, chérie, rien !

Et vous ajouterez *in petto* : « Je viens d'avoir une petite conversation avec mes épaules. »

LA DANSE DES SOURCILS

L'expressivité, le jeu ondoyant, la danse des sourcils ! Admirez ces virgules de poils situées à la base du front, gardiennes (sourcilleuses, cela va de soi) des cavités orbitales. On croirait... de petits serpents prestes et frétillants. Leur tête se niche près du nez, leur queue, ou bien s'étire comme un fil jusqu'aux tempes, ou touffue, velue, s'étale, buissonne. Il y a les queues de sourcils confuses, honteuses, rabattues, il y a les ballantes, indifférentes, et les queues glorieuses, en crête de coq, en bataille, en panache !

Mais quelles que soient leur tête, leur queue, leur forme, les sourcils ont une tâche commune : accompagner, nuancer deux émotions particulières, l'étonnement et l'inquiétude pensive. Quand Pierrot est stupéfait, il lève ses sourcils, et sur son front se dessine un réseau de ridules transverses. Quand il réfléchit, qu'il se concentre, qu'il s'angoisse, il fronce les sourcils, et se creuse entre eux un canal de rides verticales et profondes. Ce qui alerte le psychologue, le thérapeute, ce sont les sourcils toujours froncés, qui ne se décoincent jamais. Cette contraction des sourcils, hélas fréquente, induit le vieillissement du visage, bagatelle pour certains sans doute, mais signe aussi à terme les ulcérations de l'estomac, du duodénum, les spasmes douloureux du côlon, et au bout de la chaîne un état de tension généralisée. Relaxer les sourcils, les défroncer, c'est les rendre à la vie, à leur danse pittoresque, à la liberté, et c'est remettre de proche en proche l'organisme tout entier sur le chemin de la santé.

COMMENT RELAXER LES SOURCILS ?

La théorie est simple voire simplette : il faut et il suffit de laisser s'écarter les sourcils, et qu'ils retrouvent ainsi au repos leur place originelle à distance raisonnable du nez. La pratique est plus difficile. En effet on ne peut détendre que les tensions musculaires dont on a auparavant pris conscience. Il faut repérer la tension qui maintient rapprochés les sourcils, et cela demande exercices et expérience. La tension des muscles est une sensation ni douloureuse ni agréable, une sensation diffuse, légère. Essayez avec un doigt, c'est plus aisé. Quand vous posez la main à plat et que vous levez imperceptiblement l'index, vous distinguez deux sensations, celle d'effort qui maintient le doigt levé et cette sensation douce, acide, délicate, fugitive que vous observez pendant que vous levez le doigt. Oui, non ?

Si vous n'y arrivez pas, ou mal, exercez-vous. Ensuite placez-vous devant un miroir. Rapprochez au maximum les sourcils, laissez-les s'écarter. Recommencez. Jouez des sourcils, obtenez des froncements de plus en plus légers, infimes, à peine esquissés, devinés. Je reconnais que la relaxation des sourcils demande une observation affinée du jeu

LA RELAXATION DES LÈVRES

Connaissez-vous plus charmant, plus délicieux que le petit *Risorius* ? Avec son nom désuet, tout droit importé du latin, sans déformation ni ajout, aussi frais qu'aux jours de sa jeunesse, ce petit muscle est en charge des commissures des lèvres. Il a installé de chaque côté des « fentes » supérieures et inférieures, et jusqu'aux angles de la bouche, son éventaire. Il offre le léger tremblement, le subtil tressaillement, l'infime repliement, le sourire à l'instant de naître. Bouches nicettes et mutines, bouches tendres, bouches d'enfants, qui hésitez entre pleurs et sourires, vous êtes filles de *Risorius* !

Quand il convient… *Risorius* passe le relais à l'orbiculaire. Ce dernier est le maître des étirements, de l'occlusion et des ouvertures. Il préside aux moues de mépris, de doute, de dégoût ou d'ennui, il est l'initiateur des sourires et des rires. En résumé… les deux cousins conjugués font le beau temps et la pluie sur nos lèvres.

Les comédiens le savent bien. Nous changeons d'âme avec nos expressions. Chacun de nous au long du temps finit par ressembler à son masque, et le bon et le méchant, le saint à son visage de lumière et Dorian Gray à son portrait. C'est en jouant la sérénité qu'on l'acquiert. Entrons donc par la relaxation des lèvres au pays de la quiétude.

musculaire. Ne vous découragez pas, ce savoir que vous acquerrez vous servira infiniment dans toutes les formes de relaxation.

Une anecdote pour terminer. En 1996, je regardais à la télé la finale de tennis dames à Roland-Garros. Deux joueuses : Steffie Graf, et Arantxa Sanchez. Steffie, la joueuse allemande, pour laquelle j'ai un faible coupable, avait les sourcils froncés. Une ride verticale profonde lui creusait le front, et la défigurait. Elle était tendue, concentrée, angoissée. Enfin elle a gagné le match, et brusquement elle a souri, son premier sourire depuis deux heures. Les rides entre les sourcils d'un seul coup se sont effacées, visage nettoyé, radieux, rendu à la jeunesse, à la vie. La jeunesse est élastique, et ses sourcils aussi. Mais gare ! La jeunesse envolée, il faut la mériter : la danse heureuse et libre des sourcils, et le front serein de l'enfance...

EXERCICE EN CINQ MOUVEMENTS

1. Sourire

Vous esquissez un sourire, à peine un frémissement aux angles de la bouche (merci Risorius !). Vous repérez avec soin la légère tension musculaire, vous détendez.

2. Moue

Vous dessinez de vos gentes lèvres une moue : il y en a de célèbres, celle de Brigitte Bardot, par exemple, dans le film *Et Dieu créa la femme...* Vous vous souvenez... une moue qui signifie l'ennui, le dégoût, et promet le baiser. Faites selon vos talents personnels, à chacun sa moue ! Observez avec *précision* le jeu musculaire (révérence en passant à sa majesté l'Orbiculaire...). Détendez.

3. Mépris

Une bouche qui exprime son mépris opère un mouvement très particulier. Vous l'obtenez en étirant la lèvre supérieure, et en abaissant simultanément le menton. Essayez ! Vous réussissez sans difficulté ? Je ne sais si je dois vraiment vous féliciter... Je plaisante. Notez avec soin les tensions. Relaxez.

4. Le son « O »

Vous ébauchez en silence le son « O ». Vous figurez ce que l'on appelle familièrement un « cul-de-poule ». Vous repérez attentivement les tensions. Détendez.

5. Repos

Les quatre premières phases achevées, vous placez vos lèvres en situation de repos. Vous les disposez parallèles, calmes, épanouies, généreuses, posées avec douceur et justesse. Les dents ne se touchent pas. Vérifiez, s'il est besoin, dans une glace.

Recommencez le parcours complet plusieurs fois, en diminuant progressivement l'amplitude et l'intensité jusqu'à dessiner des sourires, des moues, etc., indécelables par vos interlocuteurs les plus curieux et les plus perspicaces. Goûtez le calme étonnant induit par cette relaxation.

Le mérite singulier de la « relaxation des lèvres » est de jouer à la fois sur deux tableaux. La détente musculaire, qui est la règle commune. La relation privilégiée, l'interdépendance entre le jeu infini de nos lèvres et nos pensées, nos sentiments, nos émotions. *Qui calme sa bouche apaise son cœur.* Mais cette relaxation a deux autres vertus. La première est son extrême discrétion. Après quelques essais en privé pour vous la rendre familière, vous pouvez l'utiliser en public, n'importe où en famille, au bureau, dans un dialogue difficile. Sous sa forme atténuée, imperceptible elle est à la fois efficace et indétectable. La seconde vertu est inattendue. Cette relaxation exalte et embellit la bouche. Qui apprécie en réalité les lèvres rentrées ou tortillonnées, les bouches pincées et mesquines ? Qui ne leur préfère les lèvres calmes, pleines, généreuses, les bouches comme des « fleurs espanies » ?

Vous savez ce que dit l'auteur du *Cantique des cantiques* : « Comme un ruban écarlate sont tes lèvres… tes lèvres distillent du nectar, ô fiancée » (4, 3 ; 5, 11).

« Ses lèvres sont des lis, distillant de la myrrhe.. tel est mon bien-aimé, filles de Jérusalem » (5, 13, 16).

LA RELAXATION DU PALMING

Le docteur William H. Bates, célèbre ophtalmologiste américain du début du siècle, est l'inventeur de cette relaxation. « Palming », de l'anglais *to palm,* signifie littéralement : « escamoter dans le creux de la main ». Le « palming » désigne un geste précis qui permet d'abriter les yeux, de les mettre au repos derrière les paumes des mains.

COMMENT PRATIQUER ?

Superposez les doigts longs des mains et placez-les au milieu du front de façon que les paumes emboîtent le nez et forment une sorte de chambre tiède et noire où les yeux seront parfaitement protégés. Les pouces sont allongés le long de la ligne des tempes. Il est nécessaire de tâtonner avant de trouver la position idéale. Certains de mes élèves un peu fanfarons s'y sont joyeusement cassé le nez !

– Oh, monsieur ! c'est facile ! disaient-ils.

Voire ! Dans les cours de yoga que je donnais aux scolaires, le geste du « palming » est l'un de ceux que certains étourdis n'ont jamais réussi.

Mon lecteur étant, je le suppose, un adolescent attentif, un adulte plein de sagesse, il consentira à faire le petit effort de mise en place qui, après quelques essais, lui garantira à vie : des « palmings » bienfaisants et efficaces. Il en tirera d'extraordinaires bénéfices dans sa vie quotidienne où nos yeux sont sans cesse et rudement sollicités.

Le « palming » exige trois conditions :

1. Les coudes assurent une bonne stabilité, un parfait équilibre. Le « palming » se pratique assis à une table, ou, si l'on est couché, appuyé sur deux oreillers.

2. Les paumes forment une sorte de conque. Aucun rai de lumière ne filtre ; les yeux peuvent librement ciller.

3. La respiration par le nez demeure libre et aisée. Les mains ne constituent pas une gêne.

EFFETS DU « PALMING »

Le premier résultat du « palming » est d'opérer une relaxation musculaire. Nos yeux se trouvent dans une situation exceptionnelle, ils sont complètement à l'abri, absolument protégés. C'est souvent la première fois que cela leur arrive ! Ils peuvent abandonner leur poste de sentinelle, relâcher leur vigilance, et ils se décontractent rapidement. Deux minutes suffisent, cinq minutes c'est mieux, vous pouvez prolonger jusqu'à une heure, si vous voulez vous débarrasser de façon très efficace des migraines frontales, picotements des paupières, strabismes par fatigue (dédoublement des images), vertiges du voyage, fatigues oculaires à la suite d'une utilisation prolongée d'un ordinateur, éblouissements après le choc de lumières trop brutales (éclairs, arc électrique, etc.).

AMÉLIORER LE « PALMING »

Cette première étape du « palming » était plus ou moins connue et pratiquée de façon instinctive depuis toujours. Le Dr Bates a codifié la posture, ce qui en a accru l'efficacité. Mais sa découverte spécifique a été d'adjoindre à la « relaxation musculaire », la « relaxation mentale ». Nos yeux en effet ont la fâcheuse habitude de ne pas se reposer complètement, même quand ils n'ont rien à voir, même fermés, même pendant le sommeil ! Ils dépendent si étroitement de notre mental, qu'ils continuent de moduler leur position géométrique et musculaire selon les images qui accompagnent nos pensées, nos rêveries, nos rêves. Comment faire pour que ces zélés et braves serviteurs se reposent vraiment ? S'arrêter de penser ? Nul ne le peut. L'activité de notre cerveau ne cesse jamais, et se poursuit dans le sommeil. C'est là qu'intervient la découverte géniale de Bates : si nos yeux doivent absolument travailler, que ce soit dans des conditions tellement confortables et heureuses que cette activité constitue une forme de relaxation. Pour cela il faut créer un climat visuel apaisant. Offrir à nos yeux des images mentales qui ne les contraignent pas à analyser, à chercher, à s'aiguiser, des images aimables et familières. Faire surgir par exemple derrière nos paupières closes un paysage que nous aimons, un château, une rivière, une église, telle crique de sable fin, la mer un soir d'été, une colline..., des images de paix, évoquant des moments heureux. Nos yeux alors, caméléons infinis, accueillent avec confiance, s'abandonnent et se relaxent.

Si par aventure nous n'avons lié amitié avec aucun paysage, aucun château, aucune église..., choisissons une carte postale, un tableau que nous aimons. Regardons-le attentivement et ensuite il suffira de nous le remémorer.

Nos yeux sont agressés par des lumières brutales ou trop contrastées, harcelés par les publicités qui se soucient de leur santé comme d'une guigne, confrontés à des textes imprimés de mauvaise qualité ou microscopiques, tiraillés de-ci, de-là, ici et là, bousculés, affolés.

Quand vous leur offrez, grâce au « palming », un abri dans la grotte tiède de vos paumes, la source fraîche d'images paisibles et aimées, ils sont comme ces enfants perdus dans la foule qui retrouvent soudain leur maman et se jettent dans ses bras, enfin rassurés, en sécurité. Deux minutes de « palming » dans la journée ce n'est rien, juste une halte de sourire, une oasis de tendresse, une chiquenaude de bonheur. Un rien est passé et tout a changé.

LA BOULE ŒSOPHAGIENNE

L'une des expériences les plus communes et les plus fâcheuses du stress est la contracture laryngée. C'est une sorte de bouchon d'étoupe qui obstrue la gorge, une boule qui s'installe à la base du cou, gêne la parole et interdit parfois d'avaler. D'où le nom dont on a affublé cette constriction particulière, « la boule œsophagienne » ! L'un de mes élèves bordelais s'écriait avec cet accent allègre et la poésie naturelle du Sud-Ouest : « Ça me coince la gargoulette ! » On a en effet l'impression d'étouffer, de s'étrangler. Les yogis placent à cet endroit le *Vishudda Chakra,* figuré par un lotus aux seize pétales rouge cendré, symbolisant l'espace, la parole, le libre envol. Cette référence à la culture et sagesse yogiques n'est pas sans intérêt. Le *Vishudda Chakra* est un centre d'énergie vitale. Le stress niché à ce carrefour s'accroche avec ténacité. L'on ne dissipe pas la « boule œsophagienne » comme l'on décontracte les épaules ou la langue, il faut recourir ici à la panoplie des « moyens habiles », comme disent les maîtres Zen, fouiller dans la boîte à outils avant de trouver l'exercice de relaxation le mieux approprié. Je propose trois exercices d'origine différente : une « relaxation à la carte » en quelque sorte, en abrégé.

1. LE CONDUIT DE CHEMINÉE

Amorcez un bâillement en imaginant que votre arrière-gorge s'élargit comme un conduit de cheminée. Recommencez trois ou quatre fois, élargissez mécaniquement votre gorge. Dans l'espace ainsi conquis, glissez l'ébauche d'une respiration haute, ou claviculaire. Je rappelle pour les non-initiés que la respiration comporte trois étapes : diaphragmatique qui fait se gonfler et se creuser le ventre ; costale, les côtes s'écartent et se rapprochent comme un accordéon ; claviculaire, celle qui nous intéresse, la respiration des femmes enceintes pendant les derniers mois de leur grossesse, quand les autres formes de respiration deviennent malaisées. Respirez en soulevant le thorax, par le haut des poumons, sentez l'air qui se fraie un passage dans la trachée artère, la glotte, irrigue délicieusement le nez. Affirmez progressivement cette forme respiratoire, élargissez votre conduit de cheminée.

2. LA CASCADE

Imaginez que vous êtes près d'une cascade. Il fait chaud, l'eau est fraîche et douce, le soleil de biais lui donne des reflets dorés, vous êtes merveilleusement bien. Laissez couler l'eau sur votre visage, baignez le front, les yeux, la bouche. Laissez maintenant l'eau étincelante et joyeuse et si douce couler dans votre gorge. Lavez-vous de toutes les paroles que vous avez prononcées étourdiment, ou malignement, lavez les impuretés, les gênes, les angoisses, les remords, les frustrations, les chagrins, les regrets. La cascade entraîne tout, emmène, ruisselle jusqu'au sol. Vous êtes purifié, débarrassé de vos contractures. Le nœud de votre gorge est dénoué.

3. LES CHIFFRES

Articulez distinctement en comptant lentement jusqu'à dix : un, deux, trois, quatre, etc. Observez attentivement les tensions musculaires qui se manifestent dans vos lèvres, votre langue, dans les mâchoires, dans la gorge, qui se diffusent jusque dans la poitrine et affectent même un peu le diaphragme. Détendez les tensions musculaires ainsi repérées. Recommencez à compter en diminuant chaque fois l'intensité vocale jusqu'au chuchotement. À chaque répétition soyez attentifs aux tensions musculaires que vous provoquez, détendez. Enfin, comptez mentalement, repérez les tensions de plus en plus faibles, détendez.

Ce faisceau d'exercices vous a peut-être désorienté ? J'y ajouterai encore une recette : faites-vous une compresse d'eau chaude (évitez de vous brûler !), appliquez-la sur votre gorge, et laissez-la le temps de votre patience, quelques minutes. Essayez, choisissez, adoptez. L'important est ce que vous ressentez. Les procédés de relaxation ne sont que des outils à votre service. Ne sacralisez aucune méthode, gardez votre liberté, votre humour, votre sourire. Cette leçon est peut-être la plus importante de ce livre. Ayez confiance en vous, prenez en charge votre santé, votre paix. « Décoincez-vous la gargoulette » et moquez-vous gentiment des maîtres à penser.

RELAXER... LES OREILLES !

Lorsque j'étais écolier, le grand Fernand me fascinait. Ce gaillard de douze ans, roux, aux mains calleuses de paysan, me dépassait d'une bonne tête. En classe, il avait la charge du poêle à bois, tâche dont il s'acquittait avec fierté. Parfois, tandis que nous courbions le front sous la dictée du maître, je pêchais un grumeau d'encre violette et en nettoyant ma plume Sergent-major à grand renfort de buvard, je jetais un regard en arrière. Alors, je voyais la face chevaline du grand Fernand se fendre d'un sourire, il louchait un peu par jeu, et brusquement venait le miracle que je guettais : il faisait bouger ses oreilles ! « Tic, tac, tic, tac... », l'une après l'autre, les deux écuelles rousses tressautaient, elles auraient fait envoler son béret s'il l'eût porté. Vous pensez bien que le soir devant la glace, je m'escrimais à imiter le grand Fernand ! Mais j'avais beau grimacer désespérément, tirer la peau des joues, du front, agiter les mâchoires, rien n'y faisait. Un jour maman me surprit et me demanda à quel jeu bizarre je me livrais.

– J'essaie de remuer les oreilles, avouai-je en rougissant.

En ce temps-là les enfants sages, souvent, rougissaient.

– Allons, allons, dit maman, les petits garçons ne sont pas des lapins et ils n'ont pas de pouvoir sur les muscles des oreilles !

Je n'osais envenimer la discussion en évoquant le grand Fernand, et je me taisais un peu ulcéré. Je sais aujourd'hui que maman avait raison, sauf d'admirables exceptions : nous ne pouvons pas agir directement sur nos oreilles et pour les relaxer il nous faudra emprunter des voies détournées.

LE SENS DE L'OUÏE

L'oreille est l'organe de l'« ouïe », sens fragile et précieux, lié à la relaxation et au stress, l'avers et le revers d'une même médaille. Le bruit excessif nous rend fou et le murmure d'une source nous apaise. Cette relation étroite entre les sons et notre état mental a été utilisée par toutes les religions et Sagesses (des « mantras » hindous aux chants grégoriens), et par les techniques de relaxation. De nos jours, la « musicothérapie » est l'objet de savantes recherches. Citons par exemple le REPAM (groupe de recherches sur le pouvoir anxiolytique des sons et de la musique) qui crée, en liaison avec le Centre international de musicothérapie, des musiques relaxantes. Mon propos est à la fois plus modeste et plus ambitieux : comment vivre au quotidien, parmi les bruits de la cité en « relaxant nos oreilles » ?

EXERCICE

Fixons le cadre de cet exercice :

1. Mettons hors-jeu les bruits étranges ou soudains qui nous déstabilisent, les sons perçants, stridents, ou trop intenses (au-delà de 120 décibels, le bruit d'un marteau piqueur), la sono poussée à fond qui risque de léser le tympan, et provoque à terme l'affaiblissement de nos capacités auditives.

2. Hors-jeu également, quoique pour des raisons inverses, les sons naturellement apaisants : le murmure d'une source, les chants d'oiseaux... et bien entendu les musiques relaxantes.

Dans le cadre ainsi tracé, qui concerne 90 % de notre existence, que pouvons-nous faire ? Posons d'abord cet axiome : *La « valeur » d'un son est fonction de notre écoute.*

La nocivité ou au contraire l'innocuité des sons multiples qui constituent notre environnement familier dépendent de notre façon de les appréhender, de les accueillir. Nous sommes responsables du bonheur ou du chagrin de nos oreilles !

Témoin cette anecdote :

J'étais à l'époque proviseur de lycée, et je logeais par « nécessité absolue de service » – je cite les termes comminatoires de la circulaire ministérielle – au rez-de-chaussée d'un bâtiment administratif, qui regroupait tout le personnel non enseignant : le proviseur, le censeur, l'intendant, les conseillers d'éducation, etc. Au premier étage nichait une famille de cinq

personnes, le censeur, son épouse et leurs trois enfants. Le censeur était un homme sympathique avec qui j'entretenais des relations agréables. Ma femme et moi entendions au-dessus de nos têtes les sarabandes endiablées des trois adolescents, les cris joyeux, et même parfois des glapissements de musique rockeuse.

– Mes enfants et moi sommes peut-être un peu bruyants ? demandait à l'occasion le censeur.

Je protestais que cela ne nous gênait pas. Et c'était vrai.

Deux ans plus tard, cet homme aimable s'en alla. Le hasard des mutations me dota d'un nouveau censeur, qui d'emblée ne me plut pas. Il était raide, sombre, presque hargneux, bref je ne l'aimais pas. Seul avec son épouse, il ne faisait aucun bruit excessif. Mais c'était encore trop. Le bruit de la chasse d'eau m'irritait, le son de sa radio m'exaspérait, les mules de sa femme qui claquaient au plafond me mettaient en rage. J'en devenais malade, continûment stressé. Le bruit qu'il faisait me rendait fou. Je dus solliciter un autre poste et déménager.

Nous sommes injustes, et sots, avec nos oreilles ! Tellement personnels et singuliers. En ce qui me concerne par exemple : le rap m'indiffère, le jazz me noue les tripes, le blues me rend en mélancolie ma jeunesse, Mozart et sa pétulance m'agacent, Bach m'apaise et me réconcilie avec l'univers, pour Beethoven, c'est selon l'humeur du jour, la musique concrète m'intéresse, l'opéra m'ennuie, la Callas m'irrite, et j'écouterais sans fin Schwartzkopf chanter les lieder de Schubert... et vous ? Chacun de nous réagit selon son âge, sa culture, ses habitudes, son histoire et sa physiologie, son inimitable « luisance de poil », disait Alain. Les bruits, les musiques sont des caméléons qui portent nos couleurs. Ils ne valent qu'au gré de nos humeurs changeantes, et se feront

« blanc ou noir » selon notre disposition à les entendre. Ils ne « valent » que pour nous. Ces constatations nous permettent de mieux comprendre notre écologie sonore, et de mieux apprécier l'exercice proposé.

UNE ÉCOUTE CONSCIENTE

Imaginez que vous êtes au mitan d'une rue animée : grondement continu des moteurs, chuintement d'un trolley, brusque accélération d'un cyclo, brouhaha des voix humaines, pluie qui chante sur le pavé... Vous vivez dans le bruit sans vraiment l'entendre. Pour vous relaxer, il suffit parfois d'*écouter*. Écouter sans analyser, disséquer, juger. « La sensation, écrit le Dr Vittoz[1], régularise et harmonise les fonctions du cerveau. » La sensation toute nue, l'attention qu'on lui prête permet le calme, la détente, « elle régénère les cellules nerveuses ».

ACCEPTER

Vous avez accédé au premier seuil en « attachant ensemble tous les agents de l'esprit », comme disait Patanjali, le sage indien au IVe siècle apr. J.-C. Maintenant il convient de franchir un nouveau degré : *Accepter*. Essayons de décrypter le sens de ce verbe dans le contexte de la relaxation. Accepter

1. Docteur Roger Vittoz (1863-1925), spécialiste du stress. Cf. *Relaxation et Détente par la méthode Vittoz*, Charles Grac de Salmieh, Paris, De Vecchi, 1995.

signifie ici que l'on « admet » la réalité. *Ce qui est, est.* Cela paraît aller de soi, il n'en est rien. Notre attitude mentale spontanée est l'illusion, le masque, le refus, la fuite, le déni. Nous n'adhérons pas d'instant en instant aux bruits de la rue. Nous refusons les incongrus, les nouveaux, les désagréables, nous fuyons en pensée, rejetons ceux qui nous étonnent ou nous déplaisent. Nous fabriquons sans cesse un monde qui nous agrée. Nous vivons dans l'illusion, l'émotion ou le mensonge. *Ce qui est, EST.* C'est tout simple et c'est infini. « On est prisonnier de ce que l'on refuse, et libre de ce que l'on accepte », dit la sagesse yogi. La deuxième étape est la lucidité, la tranquille honnêteté. *CE QUI EST, EST.* Accepter l'évidence toute nue est un gage de liberté, d'efficacité si le besoin se manifeste (se protéger par exemple d'un bruit dangereux), et c'est le chemin de la sérénité.

AIMER

Un pas de plus, le dernier. Cette réalité que vous n'avez pas choisie, la cacophonie d'une rue bruyante, vous en avez « pris conscience », vous l'avez « acceptée », il faut maintenant l'« aimer ».

C'est la dernière condition, décisive, si vous souhaitez vivre ici et maintenant dans la détente et la paix. Comment « aimer » de but en blanc une rue bruyante ? Si vous étiez Sage ou croyant vous verriez dans toute réalité la manifestation de l'Absolu, la volonté de Dieu. Mais si vous ne l'êtes pas ou pas assez, vous pouvez simplement décider votre cœur, l'incliner à la tendresse. Il vous obéira mieux que vous ne le soupçonnez.

À toute heure du jour on peut choisir sa route au carrefour, l'amertume ou l'espérance, le mépris ou l'indulgence, la peur et la haine ou l'amour[1]. Bien malheureux ou bien sot celui qui se laisse miner par l'envie, ronger par le mépris ou la haine, il se détruit lui-même.

Enfin la cerise sur le gâteau de cette relaxation des oreilles. Imaginez un instant que vous êtes sous une cascade libre, tiède et joyeuse, lavez vos oreilles de tous les sons qui vous ont heurté, des paroles qui vous ont blessé. Caressez de douce lumière le pavillon, le tympan, le colimaçon, le marteau et l'étrier aussi, si vous voulez. Respectez vos oreilles, aimez-les.

Je sens que certains de mes lecteurs sont déçus. J'en vois, qui dodelinent du bonnet et marmonnent entre eux :

– Voyez, le petit saint en bois ! qui ne nous propose aucune « recette » simple et fulgurante pour relaxer nos oreilles ! *Écoute consciente, accepter, aimer...* Voilà de bien jolies patenôtres, mais nous aurions mieux aimé qu'il nous donnât un conseil précis, un ordre clair comme il le fit pour la langue, la boule œsophagienne, ou les épaules.

Dans ce dialogue amical, cette conversation malicieuse et attentive que j'espère mener avec mes lecteurs, j'ai une priorité : avant tout ne pas nuire, *« Primum non nocere »,* dit l'adage latin. Ensuite être utile en respectant leur liberté. Or avec la « relaxation des oreilles » ou « le sens de l'ouïe » si vous préférez, je me trouve devant des difficultés. Les exposer rapidement éclaircira mon propos dans toute la suite de ce livre. Une relaxation des muscles de l'oreille est aléatoire... et la

1. L'amour désarme la haine, éloigne la peur. L'amour efface l'angoisse.

suggestion ou l'autosuggestion risquent de faire glisser dans une relaxation profonde qui présente des dangers. Les relaxations profondes ne sont pas innocentes et il vaut mieux les pratiquer avec un accompagnateur qualifié. Les moines tibétains usent de cette image : « Si vous vous projetez trop brusquement dans une relaxation profonde, vous ressemblez à un homme que l'on transporte au sommet de l'Himalaya en hélicoptère, si vous n'êtes pas un alpiniste entraîné, vous serez étouffé, asphyxié. » Une relaxation excessive qui vous place en état d'hypotonie musculaire doit être ensuite sagement gérée. Le but ultime de la relaxation n'est pas la relaxation, c'est-à-dire l'atonie, mais un équilibre entre la tension et la détente, l'attitude juste, l'harmonie du corps et de l'esprit.

Je ne vous propose ici que des relaxations efficaces mais « légères » qui peuvent être facilement maîtrisées. Il est vrai que j'ouvre des chemins pour aller plus loin, mais je le fais sciemment dans l'entrelacs d'anecdotes, l'oasis de sourires, je ménage dans le fil du discours des temps faibles, des temps pour reprendre haleine et respirer, et que se lève votre *liberté*. Un dernier mot, si vous êtes après ce livre désireux de pratiquer la « relaxation profonde », si vous êtes très « stressé » ou si vous voulez simplement « mieux vivre » dans l'harmonie et la paix, adressez-vous à un praticien qualifié. Choisissez, si vous le pouvez, non le plus célèbre, le plus diplômé, mais « quelqu'un de bien », comme le chante la délicieuse Enzo Enzo, *Juste quelqu'un de bien.*

RELAXATIONS GÉNÉRALES

LE RIRE

La croix des inquiets, des angoissés : le stress persistant, chronique est à l'origine de multiples troubles fonctionnels : désordres cardiaques, digestifs (ulcères de l'estomac, du duodénum, colites), insomnies, migraines, emphysème, etc.

La spécificité de ces affections psychosomatiques générées par l'angoisse est de faire entrer le malade dans un cercle maudit. Prenons un exemple : M. B. souffre de colite. Si le médecin consulté est compréhensif, responsable, compétent, il soigne le symptôme et rassure M. B. du même mouvement. Le symptôme disparaît. Pause. Puis un incident, un deuil, un chagrin ou parfois presque rien et M. B. invente, fabrique un nouveau symptôme qui touche le cœur cette fois. Et ainsi indéfiniment. Supposons que M. B. consulte un médecin moins bien formé, moins expérimenté, ou scrupuleux à l'excès qui prescrive des examens parfois pénibles, alors se met en branle une machine infernale. Les examens accroissent l'anxiété, qui aggrave le symptôme, ce qui intensifie l'angoisse, qui augmente la gravité du symptôme... Cercle vicieux. Cauchemar. J'ai connu ainsi un angoissé chronique, qui à cinquante ans avait subi onze opérations inutiles. Le plus souvent, heureusement, les examens rassurent. Jusqu'à la prochaine fois.

Comment sortir les angoissés du cercle maudit des maladies fonctionnelles ? La psychanalyse, les psychothérapies, les techniques comportementales, les médicaments (anxiolytiques, antidépresseurs), le cri primal, la relaxation, le yoga, etc. Toutes ces méthodes sont précieuses, utiles et parfois efficaces. Je propose une méthode simple, naturelle, facile d'accès, que l'on peut employer à loisir chez soi ou en société, et qui pour des raisons psychologiques et neurophysiologiques est d'une remarquable efficacité : le *rire*. La relaxation, la guérison par le *rire*.

Le rire c'est la santé, proclamaient déjà les anciens. L'humanité sait cela depuis la nuit des temps. Chez les Indiens d'Amérique du Nord, Sioux, Apaches et autres Comanches, existaient des « clowns guérisseurs » dont la fonction était de faire rire périodiquement les autres membres de la tribu afin de chasser les mauvais esprits responsables des maladies. On rencontre des coutumes équivalentes chez la plupart des peuples primitifs. Et les rois avaient leur bouffon ! Mais il s'agit du rire innocent, du rire plaisir, du rire complice, amical, contagieux, chaleureux, heureux. Non du rire dérision, du rire sarcastique, du rire « satanique » où l'emporte la joie de blesser autrui. Le rire de bon aloi, franc, ouvert, le rire plaisir libère les endorphines cérébrales qui sont notre morphine naturelle. Il permet d'apaiser la douleur, de diminuer les inflammations. Le rire ralentit le rythme cardiaque, fait baisser la tension artérielle, régularise la digestion, favorise le fonctionnement respiratoire, l'activité cérébrale, la disponibilité génitale. Le rire délivre de l'angoisse, qui étouffe, cerne, enserre par son action musculaire et respiratoire. Le rire parce qu'il rétablit l'équilibre rompu chez les angoissés entre le système sympathique et parasympathique est une arme radicale contre le stress.

QUAND ET COMMENT FAUT-IL RIRE ?

N'importe quand. Toutes les pichenettes de la vie sont une occasion de s'angoisser ou de rire. Choisir le rire. Pour cela il est indispensable de s'accorder le droit au bonheur, le droit au plaisir. Surmonter la pression sociale, la mode qui mythifie les graves, les tristes. Faire fi du respect humain. Appeler à sa rescousse le bon sens, la juste appréciation de nos « malheurs » au quotidien. S'entraîner à saisir l'aspect comique de nos frustrations, de nos échecs même. Cultiver en soi l'humeur ludique. Il faudrait rire aux éclats, rire à gorge déployée, rire aux larmes (si on le peut) au moins six minutes par jour. En 1939 les Français riaient encore dix-neuf minutes par jour, en 1980 seulement six minutes et cela a baissé régulièrement depuis. Le rire orage musculaire et respiratoire doux et bienfaisant dénoue les tensions, les colères. Le rire semé dans nos journées est l'ange gardien de la santé.

Il existe des cas extrêmes, des personnes qui ne « savent » plus rire. Je me souviens d'un monsieur d'une cinquantaine d'années qui ne pouvait émettre que de brefs glapissements, des rires avortés, inefficaces. De longues années de visage fermé, une idée erronée de sa dignité, une tendance à l'autocompassion, qui lui faisaient estimer les « malheurs de sa vie » supérieurs à tous autres, le rendaient incapable de rire vraiment. Il fallut employer les grands moyens.

On essaya successivement les histoires drôles, qui n'arrachèrent à M. C. que des sourires forcés, la compagnie de joyeux lurons, qu'il méprisa. Je passai alors à une véritable thérapie du rire provoqué. Le sujet place ses deux mains sur les cuisses et se penche légèrement en avant. Une inspiration courte de deux ou trois secondes, une pause respiratoire de cinq à dix secondes, et une série d'expirations saccadées et bruyantes. Le rire se déclenche automatiquement au bout de quelques répétitions. Mais il existe d'autres méthodes, citons : la plume d'oie, qui chatouille l'intérieur des narines, ou d'autres chatouilles pour les personnes sensibles à ce procédé. Le jeu du « Je te tiens, tu me tiens par la barbichette » qui devrait être pratiqué en famille plus souvent. Dans les cas particulièrement rebelles, une bouffée de protoxyde d'azote, le gaz hilarant[1].

Angoissés chroniques, anxieux d'occasion, stressés provisoires : Riez ! Riez ! Esclaffez-vous ! Dix fois, vingt fois le jour, chaque fois que vous le pourrez. La santé morale vous sera donnée, et la santé physique vous sera accordée de surcroît.

N. B. À lire, *La Psychosomatique du rire*, Dr Henri Rubinstein, Paris, Éd. Laffont, 1983. Il existe des associations de « gélophiles », amis du rire. À signaler dans la Région parisienne des « ateliers de rire et de relaxation » animés par une biosynergiste et relaxologue.

1. À utiliser sous surveillance médicale.

RELAXATION EN PROMENADE

La marche est déjà une forme de détente. Balancement rythmé, respiration approfondie et régulière, accueil paisible du spectacle de la rue, ou d'un paysage. Le promeneur qui jette sur les gens et les choses un regard innocent réalise un début de relaxation oculaire et mentale.

Mais les yogis ont imaginé une relaxation adaptée à la marche qui multiplie ses bienfaits intrinsèques. Le nom en sanscrit[1] (langue indo-aryenne) de cette relaxation est *Viloma Pranayama,* ce qui signifie à peu près : respiration par paliers.

La méthode est simple : une inspiration sur deux pas, rétention de souffle sur deux pas, inspiration sur deux pas, etc. Le nombre de ces inspirations fractionnées est libre et se modèle sur la capacité de chacun (la moyenne est de quatre à six inspirations).

Une expiration en continu par le nez de préférence conclut cette partie de l'exercice.

Recommencer cinq fois.

1. Sanscrit ou sanskrit : langue des brahmanes en Inde.

Ensuite l'on passe à la seconde partie symétrique : une expiration sur deux pas, rétention de souffle deux pas, expiration deux pas, rétention deux pas, expiration deux pas, etc. Une inspiration profonde clôt la série (par le nez obligatoirement).

Recommencer cinq fois.

Avec des intervalles de repos, c'est-à-dire de respiration normale, *Viloma* peut être renouvelé autant de fois qu'on le désire pendant le cours d'une promenade. La règle d'or, comme toujours en yoga, est de veiller à ce que l'exercice demeure confortable et aisé.

Cet exercice a d'heureux effets physiologiques :

« ... il normalise la tension artérielle, stimule le nerf pneumogastrique ou nerf vague, ce qui met l'eau à la bouche, laisse la peau sèche, ralentit le pouls, amplifie les mouvements péristaltiques de l'intestin, favorise la sécrétion des glandes digestives[1]. » Bref rétablit l'équilibre du système neurovégétatif, qui est déréglé lorsque l'on est stressé.

J'ai la chance d'habiter la campagne, et je pratique souvent « Viloma Pranayama » quand je marche dans les collines de mon village. Un soir de juin doux et lumineux, nous marchions, ma femme et moi, sur la route étroite qui domine la vallée. Nul bruit, si ce n'est la rivière claire des chants d'oiseaux que ponctuait çà et là le coassement rauque et nostalgique d'un crapaud. Doucement je commençais de respirer

1. *Pranayama*, André Van Lysebeth, Paris, Flammarion, 1971 (1re édition).

en *Viloma,* ma femme à côté de moi rêvait. Soudain dans le silence une de mes épaules, qui se détendait, craqua : Crac !...

– Tiens, dit ma femme surprise et amusée, voici la relaxation qui passe.

RELAXATION ET RESPIRATION

Toutes les cultures fondatrices de civilisation ont lié le souffle et la vie. Wotan chez les Germains, Odin scandinave, Thot chez les Égyptiens, Hermès le dieu grec du vent...

« Le Seigneur Dieu [...] insuffla dans ses narines le souffle de vie, et l'homme devint un être vivant », dit le texte de la Genèse (2, 7). Respirer, c'est exactement vivre, et notre ultime geste en ce monde passera dans un expir. Je songe, écrivant cela, à une vieille amie, que l'on attache tous les soirs à 22 heures à un appareil de soufflage. Sa vie suspendue tout au long de la nuit à chaque inspiration, à chaque expiration. Sa vie seize fois par minute jouée, gagnée, conquise.

En bonne santé, nous respirons sans y penser. La respiration est un réflexe, une fonction automatique. Pourtant nous humains, seuls de tout le vaste règne animal avons le pouvoir de passer, si j'ose dire, en commande manuelle. Nous jouissons du double privilège de savoir contrôler notre respiration, et d'en prendre conscience. Cette singularité humaine nous donne pouvoir sur notre vie. Elle a servi de point d'appui depuis des millénaires à toutes les formes de maîtrise de soi, qui ne s'appelaient pas encore relaxation. Je vous propose de vous faire connaître une méthode de relaxation moderne basée sur la respiration à la fois simple, efficace et subtile. Une technique en or, qui n'exige aucun mouvement particulier, ne change rien au cours de nos journées, et ne demande de loin en loin qu'un peu d'attention.

Profitez d'une attente chez le médecin, chez le dentiste, d'un embouteillage. Vous êtes coincé dans une file de voitures, au lieu de vous énerver, de klaxonner, qui sait, ou de maudire les circonstances, essayez de prêter attention à votre respiration. Ramenez des quatre vents du ciel vos pensées vagabondes, comètes filantes et leurs chevelures d'émotions. Regardez d'un œil lucide, bienveillant, amical votre façon de respirer.

– Alors ma respiration, tu te débats à l'épigastre, tu te tortilles à travers les côtes, tu ne parviens pas à soulever le thorax ! Que tu es drôle et émouvante, je t'aime bien, tu sais. Tiens ! voilà que tu t'accroches à la glotte, et que tu fais battre mon cœur à coups précipités. Je ne te fais pas de reproche, je ne t'ordonne rien. Je te regarde et je te souris.

Et peu à peu, comme un enfant sage qui se sait en sécurité, qui se sait aimé, votre respiration prend son rythme naturel, s'équilibre entre l'inspir et l'expir. Parfois même prolonge l'expir comme font les bébés. Bientôt la rivière du souffle coule en vous légère et fraîche. Votre respiration est une chanson.

N. B. Avantage annexe de cette forme de relaxation : diminue le besoin de fumer.

À lire, *Respirer conscient*, Annamaria Wadulla, Lausanne, Éd. du Signal, 1980.

LA RELAXATION EN VOITURE

Dans la tumultueuse ripopée de vivants qui peuplent cette planète, l'homme est le *seul* chez qui les éléments de l'épigenèse ne soient pas, absolument, contraignants !

« En voilà, une phrase qu'elle est bien tournée, qu'elle est belle ! » Je le sens. En un tournemain, j'ai séduit mon public, une foule extasiée va me hisser au pinacle, ceindre mon front de la « Couronne d'Ovation » que l'on réservait à Rome ou en Grèce aux grands hommes, aux généraux vainqueurs... Hélas, je rêve... et l'on va plutôt me coiffer le chef avec le bonnet pointu des pédants ridicules ! Je me résigne, le cœur gros, à user du parler commun, grossier, et vernaculaire. Je voulais donc dire, ou dire donc (c'est joli ça « dire donc, ding dong » !). Bref..., en six mots comme en vingt-sept (je les ai comptés), l'homme est une bête *libre*, rien dans ses gènes ne l'oblige à répéter indéfiniment ses gestes à l'identique, telle l'araignée épeire, qui tisse depuis des millénaires la même toile orbiculaire, au fil près ; ou comme la fauvette pitchou qui zinzinule et zinzinulera jusqu'à la fin des temps le même « tcher-r teuc-teuc » ou « peeck-djerk-rrr... » quand elle est vraiment très en colère.

L'animal humain, lui, est libre.

Libre, libre ! La merveilleuse antienne, l'aimable chanson ! Et comment cet animal privilégié use-t-il de sa liberté ? L'*Homo vulgaris*, l'homme ordinaire gambade-t-il joyeux, la belle saison venue, dans les prairies en fleurs, folâtre-t-il avec sa compagne parmi le thym et le serpolet ? Hélas ! Son comportement aberrant fait se dresser sur leurs crânes respectables les cheveux de toute la communauté scientifique ! Le malheureux, j'ose à peine le dire, le malheureux s'enferme dans une sorte de boîte en fer, il s'y attache solidement, et se fait secouer dedans, des heures durant. Parfois l'un de ses congénères – Ah ! « en escrivant ceste parolle, à peu que le cueur ne me fent[1] » –, l'un de ses congénères en képi l'arrête, l'admoneste et lui inflige une punition. Parfois, à bout de résistance, il ouvre une fenêtre minuscule, et respire à grandes goulées avides un air vicié, pollué, qui lui malmène les poumons !

Devant l'horreur de ces faits, j'ai cru de mon devoir de porter aide et assistance à une espèce pitoyable, calamiteuse et menacée. Puisque cet animal étrange tient absolument à s'enchaîner dans une cage en fer, une bonne partie de sa vie, que rien ne peut l'en détourner, j'ai résolu de lui enseigner deux ou trois remèdes en mesure d'atténuer un peu ses souffrances.

Traduits dans sa langue, ces conseils pourraient s'intituler :

1. Villon, *Le Grand Testament.*

COMMENT SE RELAXER EN VOITURE ?

1. Adopter une posture confortable

Que l'animal ne s'installe pas sur la pointe aiguë de son derrière, comme son frère le chimpanzé, qu'il cherche sottement à imiter, et dont il n'a malheureusement ni la force, ni la souplesse, ni la grâce. Qu'il répartisse équitablement le poids de son corps sur ses deux coussinets. Qu'il allonge ses membres inférieurs, une attitude recroquevillée est fortement déconseillée. Les membres supérieurs doivent être légèrement fléchis et former un angle de 150 degrés, à peu de chose près. Les pattes légères et fermes sont posées et non agrippées convulsivement sur le volant. La gorge, le thorax, le ventre offerts à la respiration ne doivent pas être comprimés.

2. Conduite

L'animal encagé est nerveux, cela se comprend. Des scientifiques ont compté ses pulsations, qui de 70 à la minute, pouls normal, sautent à 120, 150, voire 200 à chaque feu rouge, à chaque incident de la route. Ces continuelles distorsions sont préjudiciables à son équilibre, à sa santé.

Pour pallier ces inconvénients et réguler son émotivité, je conseille cet exercice :

Inspirer sur quatre temps, bloquer poumons pleins sur quatre temps, expirer sur quatre temps, bloquer poumons vides sur quatre temps.

Le *Pranayama* carré a l'avantage d'être à la fois tonique et apaisant, et ne présente aucun risque de suroxygénation. Poursuivre l'exercice quelques minutes, puis se reposer en respiration normale. Chacun adapte à sa guise. Cela va sans dire, mais va mieux en le disant, surtout quand on s'adresse à un animal singulièrement balourd et coquefredouille[1].

3. Halte

Quand le malheureux a l'occasion de s'arrêter, s'il ne peut quitter son habitacle, qu'il repose les muscles de la nuque et du trapèze sur l'appui-tête et le dossier. Si l'opportunité se présente, qu'il sorte rapidement de sa cage, qu'il s'étire, sautille, fasse quelques pas. L'idéal serait qu'il se couche sur le bas-côté à plat dos et les bras en croix. Hélas ! sur les trottoirs d'une grande ville, cet exercice est difficile, ses congénères, l'espèce est féroce, lui marcheraient dessus sans pitié.

Que dire de plus ? J'ai fait de mon mieux. L'avouerai-je, à l'instar de Karl Lorenz qui ne jurait que par ses oies, ou du professeur Rémy Chauvin qui, depuis quarante ans, cajole ses fourmis, je me suis attaché à ce bizarre animal. Aussi je l'en supplie, qu'il renonce à sa cage en fer ! Qu'il fasse du vélo, ou du bateau, qu'il marche à pied, qu'il coure, qu'il surfe s'il le faut, mais pas ça...

– Chéri, tu viens, nous n'attendons plus que toi !

Excusez-moi, je dois vous quitter, mon épouse et moi partons justement en vacances dans les Pyrénées, 800 kilomètres d'affilée... en voiture !

1. Vieux mot français qui signifie : dépourvu de sens commun.

SE RELAXER... DEBOUT !

Il était une fois, vers les années 1900, une jeune fille très pauvre et très sage qui attendait l'autobus. Ce soir-là il pleuvait. Son manteau élimé ruisselait, ses cheveux blonds collaient à ses tempes, et ses doux yeux gris étaient résignés. Vendeuse au rayon des soieries au grand magasin du Bon Marché, elle était debout depuis l'aube. La pauvrette était épuisée. Passe par là un vieux mendiant qui lui demande la charité. Elle lui tend spontanément quelques piécettes, tout ce qui restait dans son porte-monnaie.

– Je vois que votre cœur est bon, dit alors le mendiant, aussi en récompense je vais vous confier un secret !

Il lui glisse quelques mots à l'oreille, chuchote encore un moment, puis disparaît. Depuis cette rencontre, la jeune fille très pauvre et très sage n'était plus aussi fatiguée. Et quand elle attendait l'autobus ses beaux yeux gris souriaient. On m'a rapporté qu'un soir de pluie un jeune homme riche et aimable lui offrit l'abri de son parapluie. Ils se plurent, ils se marièrent. Ils eurent beaucoup d'enfants, et ils vécurent heureux longtemps, longtemps...

Vous ne croyez pas aux contes de fées ? Pourtant ce secret je le connais, il vient du fond des âges, et peut vous apporter le bonheur. Une chiquenaude infime incline parfois en mal ou en bien le fléau instable de notre destin. Ce secret, le voici : on peut se reposer en faisant la queue à la Sécurité sociale, à la caisse du supermarché, dans le métro, en attendant l'autobus, n'importe où. On peut se reposer, parce que l'on peut se relaxer *debout* !

EXERCICE

Le nom sanskrit de cet exercice est *Samashtiti*. Ce qui signifie littéralement : se tenir debout de façon égale.

1. Posture

Debout, les pieds parallèles distants de 20 centimètres environ (un peu plus, un peu moins selon votre taille), vous vous tenez droit. Imaginez qu'avec le sommet du crâne vous essayez de toucher le ciel ou le plafond. Redressez encore le dos, décontractez les épaules, laissez les bras pendre mollement le long du corps, les mains sans force. Pour vérifier la relaxation des mains, j'ai l'habitude de saisir au hasard par l'index la main de l'un de mes élèves en *Samashtiti*, je soulève la main délicatement et la laisse retomber. La main doit s'affaisser contre la hanche comme un objet inerte, sans force aucune.

Maintenant vous organisez votre équilibre autour du « Hara ».

Ce terme est d'origine japonaise mais la notion est commune à toutes les philosophies orientales. Le « Hara » est considéré comme le centre de l'énergie vitale. Plus simplement il correspond à notre centre de gravité. Il est situé dans le ventre, quatre doigts en largeur au-dessous du nombril. Prenez conscience de ce point du « Hara ». Imaginez que vous êtes un arbre, le torse et la tête sont les hautes branches et le feuillage, les jambes sont les racines, le « Hara » est le tronc, le cœur du chêne. L'image est approximative mais elle peut conforter votre équilibre, ce qui est l'essentiel. Vérifiez une dernière fois la posture, droit, les épaules bien décontractées, la tête légère, le menton parallèle au sol, la poitrine et le ventre bien dégagés offerts à la libre respiration. Respirez régulièrement, calmement, profondément en affectant un temps égal à l'inspir et à l'expir.

2. Mental

Votre attitude est celle de l'équilibre, de la confiance en soi. Vous alliez la solidité et la disponibilité. Pour conforter cette sensation vous répétez mentalement :

Je suis :
debout sans effort
redressé sans orgueil
vigilant sans crainte
attentif à tout sans avidité
disponible sans lâcheté
ferme et relaxé[1].

1. D'après *Le Yoga, premiers pas*, Bernard Bouanchaud et René Racapé, Paris, Solar, 1977.

Alors se dissolvent les tensions inutiles, vous vous relaxez debout. Pensez-y quand vous serez en train de râler, de vous énerver un jour de soldes aux magasins Farfouille. Construisez-vous autour du « Hara », obstinément. Vous serez bousculé, désuni, emporté par la foule, retrouvez avec entêtement une attitude de moindre tension et d'équilibre : « Juste une attitude, mais l'attitude juste », c'est la vieille antienne de la sagesse millénaire du yoga. Songez, si vous voulez, à la « jeune fille aux yeux gris » quand vous attendrez l'autobus un jour de pluie. Il y a des vérités cachées dans les contes. Le bonheur n'est pas uniquement dans le pré, il est dans la rue, au bureau, partout autour de vous. Il suffit de presque rien pour le cueillir et le garder : un cœur attentif, une âme paisible et un corps relaxé.

LA RELAXATION DU GESTE

J'ai hésité avant d'intituler ce chapitre, et la dénomination choisie « Relaxation du geste » peut être contestée. Mais comment qualifier une relaxation originale, qui n'interrompt pas l'activité, ne la freine pas, et tout au contraire la facilite et l'optimise ? Certains auteurs l'appellent la « relaxation active ». Cette expression est ambiguë et présente une contradiction dans les termes : relaxation et actif. Bref comme cette relaxation accompagne nos gestes, les nourrit et les transforme, j'ai opté pour « Relaxation du geste ».

Un exemple, dit le proverbe, vaut mieux qu'un long discours et un zeste d'humour agrémente des propos un peu abscons. Essayons donc l'un et l'autre. Imaginons que vous levez en ce moment votre flûte de champagne et vous apprêtez à prononcer un speech de circonstance... Stop ! Suspendez votre geste en son envol et jetez un regard amical et néanmoins critique sur vous-même ! Pourquoi contracter aussi énergiquement votre petit et grand palmaire, le rond pronateur, et le biceps brachial ? Vous soulevez un verre de champagne, pas des haltères ! Ne trouvez-vous pas comique, et disons-le un peu stupide cet effort disproportionné ? Une telle mobilisation musculaire pour les 120 grammes de votre flûte de champagne ! Mais il y a pire, examinez-vous d'un peu plus près. Vous notez les mâchoires serrées, les sourcils froncés, le front creusé d'une ride verticale ? Tenez, je parie que vous contractez votre diaphragme, le muscle le plus puissant et donc le plus dépensier en adénosine triphosphorique (ATD) ! Quel gâchis ! Si je regardais sous la table je surprendrais la crispation de l'« extenseur propre » des gros orteils, et si j'étais indiscret je vous demanderais en quel état se trouve votre muscle releva-teur de l'anus ! Relaxé ? Vraiment ?

Je ne vous crois pas. La réalité est que la majorité d'entre nous commettons des gaspillages insensés d'énergie muscu-laire. Nous gérons mal notre potentiel énergétique, et nous nous plaignons ensuite d'être fatigués ! Pis, cette mobilisation aveugle et désordonnée nous rend moins efficaces, et brouille notre gestuelle ordinaire de parasitages incongrus.

En août 1995, j'assistai par hasard en direct à l'extraordi-naire exploit du champion écossais Jonathan Edwards. Je ne suis pas un spécialiste du triple saut, et j'étais dans les condi-tions d'un spectateur innocent et profane. Pourtant, en voyant J. Edwards s'élancer sur les 40 mètres, qui précèdent la planche d'appel, je fus saisi par la grâce exceptionnelle de sa foulée, la précision et l'économie de ses gestes. À la planche d'appel, il s'envola, un pied, puis l'autre effleurant à peine le sable du sautoir, et la réception, le corps projeté en avant bras tendus, fut parfaite. Ce jour-là, J. Edwards franchit pour la pre-mière fois la barrière mythique du triple saut, les 18 mètres : 18,16 mètres exactement. Dix minutes plus tard il tentait un nouvel essai. Même impression de souplesse et de force, un exemple idéal de relaxation combinée au maximum d'effort.

– 18 mètres 29, annonça le commentateur sportif au bord du délire. Le record du monde battu pour la deuxième fois !

Et il ajouta, un ton plus bas, cette réflexion qui me frappa :

« Comme cela a l'air facile, quand c'est un champion qui le fait !

Les étoiles de la danse, les athlètes, les grands champions allient ainsi l'apparente facilité à l'excellence. Ce miracle du geste réussi à la fois intense et relaxé tient à trois raisons essentielles :

– l'exact ajustement entre l'effort proposé et la mobilisation musculaire ;

– la disparition, l'élimination de toutes les tensions superflues et parasitaires ;

– et enfin une disposition intérieure dont je n'ai pas encore parlé, une attitude mentale de détachement, de non-compétition, je dirais presque, si le mot ne prêtait à confusion, d'insouciance, de « désinvolture ».

« Exécutez vos "asanas" avec le maximum de vigilance, de précision, disait mon maître de yoga, comme si votre vie même en dépendait, et ne vous souciez pas du résultat. »

Cette relaxation du mental achève et porte à son maximum de perfection la relaxation de nos gestes.

En guise de conclusion ou de postface, cette déclaration de Jonathan Edwards entendue au cours d'une interview : « Oui, j'ai mis tout mon cœur, toutes mes forces dans la préparation de ces championnats du monde, mais ce n'est que du sport, et l'essentiel dans ma vie est ma foi en Dieu. Je suis chrétien méthodiste », précisa-t-il.

Et je songeais, en écoutant ce jeune champion, qu'il renouait par des chemins inconnus avec la grande Sagesse millénaire, qui savait que l'ultime perfection du geste comme on le voit dans les arts martiaux, la plénitude humaine, ne s'obtient que par le détachement au-delà la petite joie frelatée de l'orgueil immédiat.

« Sois sage ô Rhegava, sois dans la vie comme en te jouant ô Rhegava, ardent à l'extérieur, mais *point brûlé* à l'intérieur. » Ainsi parlait la Bhagavad-Gitâ.

LA RELAXATION DES CINQ SENS

OÙ L'ON VOIT L'AUTEUR SE FAIRE RÉPRIMANDER *IN CAUDA*

« La peinture de Cézanne apporte la paix, parce qu'elle est objective. »
Rilke.

L'œil écoute, l'oreille voit, la langue flaire, le nez palpe, la main savoure... Ce « dérèglement systématique de tous les sens » que préconisait Rimbaud ouvre les chemins de la poésie... Je ne sais. Mais nos sens bousculés, déroutés, éblouis quittent leur routine. Englués dans nos habitudes nous étions un peu absents de nos vies. La « relaxation des cinq sens » consiste à réveiller la Belle au bois en nous qui dormait.

Souvent nous vivons comme des zombies :

– Tiens, qu'ai-je fait de mes lunettes, de mon stylo ? Où sont passées mes clefs ? Je suis venu ici j'en suis certain, enfin je crois. J'ai peut-être posé ma main sur la table, reniflé l'odeur du bois verni, croisé mon chat, aperçu un soleil blanc derrière les nuages, entendu sonner le quart à l'église... Je n'ai pas réellement *vu, écouté, senti*. Je n'étais pas vraiment présent au monde. Je suis un fétu entraîné par le courant des choses. Mes émotions, grandes, petites, nappent ma vie de brouillard. Je refuse l'existence aux gens, aux événements, aux choses, et par un juste effet de retour, je n'existe plus moi non plus.

– Ô mon œil, écoute ! Cet arbre devant toi n'est pas seulement le support de ton émotion, l'occasion de tes rêves, regarde-le *lui* ! C'est un bouleau, un bouleau adulte : les taches noires crevassées gagnent déjà sur le blanc argent de la jeunesse. Vois ses feuilles petites, mobiles, légères au bout des ramules pendants. Un *bouleau* ! Tu sais, cet arbre qui fournit ces tisanes sucrées, ce bois qui brûle dans la cheminée en flammes égales et claires, regarde-le c'est un vrai bouleau ! Point.

Mon lecteur un peu décontenancé par ce préambule se demande où je le mène. « Je croyais que nous allions parler de relaxation ! » Eh bien, nous y sommes, estimé lecteur, nous barbotons en plein dedans ! Voir, « écouter » ainsi avec son œil, nous éveille. Nos sens utilisés loyalement nous permettent de nous extirper de ce brouillard où nous vivions nos vies de somnambules. Nous cessons de nous confondre, de nous noyer, de nous « identifier » continûment aux événements, aux gens, aux choses. Nous reprenons notre liberté, nous retrouvons notre conscience d'être. Apparaît en nous alors cette petite lumière, que toutes les grandes Sagesses, les psychologues appellent le « témoin neutre ». Nous ne sommes plus exclusivement le jouet de nos émotions, prisonniers de nos préjugés, de nos fantasmes. Nous recouvrons notre capacité de « détachement », de paix intérieure.

Un exemple viendra éclairer ces propos. Cette année-là, ma famille et moi passions nos vacances de juillet au bord de la mer. Avec mes deux filles, seize et quinze ans, nous avions emmené Corinne, une jeune fille de dix-sept ans, très perturbée et nerveuse, que ses parents nous avaient confiée. La maison louée était une vieille bâtisse qui craquait de toutes ses membrures. Mais nous avions vue sur mer, la magique et sauvage mer bretonne. Une nuit la tempête se leva. Un fracas qui nous réveilla. Nous descendîmes au salon. À l'orage succédait un vent violent qui faisait brutalement claquer les volets. Notre invitée Corinne était pâle de terreur. Elle commença à trembler, et nous ne savions comment la calmer. Je la voyais, impuissant, amorcer une vraie crise de panique. Elle avait la bouche ouverte prête à hurler, elle répétait de plus en plus vite : « Oh ce vent, ce vent ! » Je me souviens que Catherine ma fille de quinze ans dit alors avec tranquillité : « Eh bien le vent, c'est le vent ! » Cette phrase d'un seul coup apaisa Corinne. Je la vis reprendre couleurs et sang-froid. Elle se mit même à rire avec nous un peu plus tard, et nous repartîmes tous nous coucher.

« Le vent, c'est le vent. » Cette phrase d'une banale évidence avait brusquement remis Corinne face à la réalité, l'avait débarrassée de ses fantômes. Ces simples mots l'avaient désengluée de son « identification », lui avaient rendu la liberté et la paix, l'avaient rendue à elle-même. Tout le malheur des hommes, disait Héraclite, vient de ce qu'ils ne vivent pas dans « *le* monde » mais dans « *leur* monde ».

APPENDICE

La « Relaxation des cinq sens » m'a valu de sévères admonestations, reproches, et pouilles en tout genre. On m'a accusé d'être hermétique, sibyllin. Ma petite fille de treize ans m'a déclaré : « C'est nul ! » D'où cet appendice en guise de piteuse justification.

J'écris, je le confesse, pour mille raisons moins avouables les unes que les autres. Le goût des mots, le plaisir d'une petite musique, l'appétit du jeu, de l'humour, le désir de fabriquer des objets littéraires agréables et neufs, l'envie d'être applaudi par quelques « happy few », le besoin de séduire, le désir profond d'être *aimé*. Cependant tout cela cède le pas à ma visée essentielle. Je veux être utile, je veux servir. Par goût, par privilège, je préfère le non-dit, l'elliptique, et la litote, et la poésie. Trois vers de Supervielle par exemple me guident tout le long de ce livre :

> Ils couraient à l'envi, ou tournaient sur eux-mêmes
> Ne s'arrêtant que pour mourir
> Changer de pas dans la poussière et repartir.
> *(Chevaux sans cavaliers)*

J'y vois l'image des hommes affolés, stressés, courant en tous sens dans les grandes villes. Mais quand j'ai prétendu mettre ces trois vers en exergue sans autre explication, je me suis fait remonter les bretelles jusqu'aux oreilles. Il faut être clair ! Sinon l'on trompe les lecteurs, on se moque d'eux, et, plus grave, on ne leur sert de rien. « Pour ces motifs, attendu que l'auteur reconnaît que le chapitre incriminé est abscons, ne peut utilement servir aux fins de "relaxation", qui sont implicitement promises à tout acheteur de ce livre, le tribunal condamne "ledit" auteur à fournir immédiatement les explications convenables, adéquates et congrues ! Bang ! »

EXPLICATIONS

Le titre

Le titre « La relaxation des cinq sens » est une contraction, une figure métonymique un peu audacieuse. Mais le titre explicite « La relaxation mentale obtenue grâce à une utilisation objective de nos cinq sens » m'a paru lourd à digérer !

D'ailleurs je crois qu'il y a des clartés « obscures » comme on le voit bien chez certains philosophes et des « obscurités », des « raccourcis » merveilleusement stimulants et qui mènent loin la pensée.

Je n'en dirai pas plus sur le sujet. Le tribunal m'ayant condamné. Je m'incline.

Le corps du texte

La thèse soutenue est la suivante :

Une approche loyale du monde extérieur, c'est-à-dire l'utilisation objective et réaliste de nos sens, nous dégage du charivari émotionnel, nous accorde la lucidité, nous rend à nous-mêmes.

Cette « honnêteté » de la perception détruit les faux-semblants, dissipe la brume des illusions, chasse les fantômes. Nous prenons pied dans une zone de calme, et nous amorçons la relaxation mentale. L'unicité corps-pensée entraîne une suite de relaxations en boucle : l'emploi judicieux de nos sens a produit une certaine stabilité émotionnelle, qui favorise la décontraction musculaire, qui à son tour appelle la relaxation de l'esprit, qui accroît la relaxation musculaire, qui..., etc. Nous sommes entrés dans le *cercle vertueux* de la relaxation.

Prenons un exemple.

Imaginez que vous vous trouviez dans une situation banale de stress : embouteillage de voitures, attente chez le dentiste, chez le médecin, au laboratoire, chez un employeur éventuel, etc. Éveillez votre sens du « toucher ». Caressez par exemple le tissu de votre veste. Vous vous situez tout entier dans la pulpe de vos doigts, vous goûtez la trame, vous en saisissez les moindres nuances de grain, vous glissez voluptueusement sur le soyeux de la doublure, vous appréciez à nouveau le rêche de l'avers, vous êtes attentif à la sensation et à rien autre. Faites cette expérience. Ne me croyez pas sur parole. Vous constaterez que vous retrouvez progressivement votre sang-froid et votre calme, vous sortez la tête de l'eau. Cette forme de relaxation est particulièrement indiquée pour les phobiques : acro-, claustro-, agoraphobiques... Bien entendu, ce n'est qu'un soulagement passager. La relaxation, faut-il le répéter, ne *guérit* pas, sauf cas très exceptionnels, mais elle soulage, elle peut enrayer une crise de panique, ce qui est déjà un résultat appréciable.

La formulation : l'œil écoute, l'oreille voit, etc.

Cette formulation qui m'a été reprochée n'est pas aussi farfelue qu'il y paraît. Je l'ai utilisée pour désorienter le lecteur, l'« étonner » et ainsi le rendre plus attentif. Je me suis déjà expliqué là-dessus. D'ailleurs l'on rencontre maints exemples de ces transferts d'un sens sur l'autre, et singulièrement chez les handicapés. « J'entends la mer », me disait cet ami sourd profond en contemplant longuement les déferlantes se fracasser contre les rochers, les jeux d'ombre et de soleil, l'écume blanche irisée et dans la crique la mer aux nuances bleu-vert et douces mourir épuisée sur le sable de grève. « J'entends la mer… »

Une religieuse de mes amies m'a conté cette anecdote :

– Sœur Clotilde est aveugle de naissance. C'est une sœur très active et très gaie, elle tient l'harmonium, s'occupe de différents travaux ménagers, nous l'aimons toutes beaucoup. La semaine dernière je l'aperçois en train de tricoter. Je m'approche : « Que nous faites-vous là, ma sœur, une écharpe ? – Non, dit-elle malicieuse, je confectionne un pull jacquart pour une de mes petites nièces. » Je la regarde, ébahie, créer de ses aiguilles agiles les dessins complexes, allier avec une grande sûreté les laines blanche, jaune, bleue. Elle devine sans doute ma stupéfaction : « Je *vois* avec mes *doigts* », dit-elle.

Nos sens méconnus sont utilisés bien en deçà de leurs capacités.

Nos sens en savent plus qu'ils ne nous disent.

Nos sens en savent plus que nous.

La conscience de soi

Se servir *objectivement* de nos cinq sens ouvre les chemins de la conscience de soi. J'étais un peu le paysage, le ciel, les nuages, la table en pin devant moi. Maintenant il y a la table et il y a moi. Elle existe et moi face à elle. J'étais prisonnier du jeu infini de mes perceptions, je suis libéré. Je deviens l'observateur, le « témoin neutre » de ma propre vie. Je cesse d'être l'acteur pris dans la mêlée. Ce retrait momentané est source de paix, induit la relaxation.

La conscience de soi peut être affinée, approfondie jusqu'à la perception subtile, l'intuition de notre « Je essentiel » en deçà de toutes les attaches, les prisons multiples de l'« ego ».

Alors devient possible l'expérience de l'Absolu, la rencontre avec Dieu. Mais cela est une autre histoire, comme disait Kipling, et s'écarte du présent propos.

En résumé, l'usage insolite de nos sens, je veux dire, utilisés *objectivement*, librement, sans entraves ratiocinantes ou émotionnelles, a deux vertus : nous découvrir des horizons inconnus, et nous mener en chemin de sérénité. Si j'ai écrit sur cette relaxation en multipliant les exemples, en jouant la « mélodie des associations », comme le disait Valéry, c'est que la compréhension ici relève plus de l'intuition que de la pensée discursive. J'ai espéré qu'un lecteur, l'un entre cent, entre dix... goûterait cette précieuse « recette ». J'y ajouterais une pincée d'humour, une cuillerée de tendresse humaine, et l'indispensable grain d'ellébore[1], qui permet sur les routes subtiles ou mystiques de savoir toujours « raison garder ».

1. Plante herbacée qui avait autrefois la réputation de guérir la folie.

LA GRANDE RELAXATION

Paradoxe ! Ce sont les personnes les plus angoissées qui acceptent le plus difficilement de se relaxer. Je me suis parfois heurté à des refus obstinés et affolés : « Me relaxer ? Moi ? Jamais ! » Cette attitude s'explique. L'individu stressé oublie son mal en fuyant. Il se jette dans le travail, les voyages, les plaisirs et même les soucis, tout ce qui le distrait de son tourment. Il croit qu'il va semer son mal en courant. Lui proposer de s'arrêter, lui offrir une pause de lucidité, de non-agir et de silence lui est une contrainte insupportable.

Quand des médecins amis m'adressent un anxieux, mon premier travail est de le convaincre d'accepter de se relaxer, et mon second de lui faire adopter et pratiquer la *« grande relaxation »*. Il existe autant de méthodes de relaxation que de feuilles dans un arbre. À la fois différentes et semblables pour l'essentiel. Ma recette de *« grande relaxation »* n'échappe pas à la règle. J'ajoute simplement trois condiments : l'humour, l'amitié et l'obstination.

Voici à titre d'exemple l'histoire de Mme Petitbois.

Cette dame vint me voir un matin et me déclara d'entrée de jeu qu'elle n'aimait pas beaucoup les professeurs de yoga et autres charlatans. Elle venait me trouver sur les instances de son médecin, et moi plutôt qu'un autre parce que j'approchais des soixante-dix ans et que je n'allais pas « lui faire exécuter des contorsions ridicules ». Je profitai d'une éclaircie dans son discours pour questionner :

– Vous désirez des leçons de yoga ?

– Oui, c'est-à-dire non ! Je veux seulement me relaxer !

– Bien, dis-je, c'est envisageable et...

Elle me coupa la parole :

– Vous n'êtes pas trop bizarre au moins ?

– Bizarre ?

– Vous savez bien, les baguettes de santal, l'encens, tous ces machins hindous..

– Non, dis-je en souriant, je suis un professeur de yoga raisonnable.

– Et vous n'allez pas me faire faire des mouvements compliqués, c'est que j'ai passé l'âge, moi.

Je regardai Mme Petitbois, sa cinquantaine rondelette, son appui solide sur ses jambes courtes, et je lui souris avec amitié :

– Ne vous inquiétez pas, j'ai l'habitude de travailler avec le docteur X. et les cours sont adaptés à chaque cas particulier.

– Et vous n'êtes pas trop cher ? Parce que chez vous il n'y a pas de Sécurité sociale ! maugrée-t-elle.

– C'est gratuit.

– Ah ? dit-elle, un peu déconcertée pour la première fois.

Mais elle se reprit vite et décida en son for intérieur qu'il ne fallait pas laisser passer une occasion pareille. Il y avait pourtant un peu de mépris dans son regard quand nous convînmes d'un rendez-vous. Elle me quitta en m'énumérant toutes les tâches urgentes qui la submergeaient, et disparut sans me laisser le loisir de placer un mot...

Je méditai sur ce qui m'attendait.

– Vous êtes allongée à plat dos, étirez bien la nuque en rapprochant le menton du sternum, vos jambes s'écartent, les pieds tombant vers l'extérieur. Vos bras ne touchent pas le corps, vos mains abandonnées paumes en l'air, vos doigts à demi repliés dans une position naturelle. Vous fermez les yeux, vous respirez par le nez calmement, régulièrement.

Mme Petitbois, en tenue de « jogging », est étendue sur le tapis d'exercice. Elle est contractée. Je répète d'une voix apaisante :

« Vous êtes calme et détendue, vous vous laissez aller, vous n'avez rien à craindre, lâchez prise, lâchez prise...

Brusquement elle se relève :

– Non, crie-t-elle, ce n'est pas la peine, je n'y arriverai pas !

– Bien ! dis-je, nous allons essayer autre chose.

– Excusez-moi, mais je ne supporte pas de rester là sans bouger, ni parler, ça m'énerve au lieu de me calmer. Je crois que la relaxation, ce n'est pas fait pour moi !

– Voulez-vous me donner encore une chance ? dis-je en souriant.

– Si vous voulez, dit-elle de mauvaise grâce. Mon heure est perdue de toute façon !

Pour être professeur de yoga, on n'en est pas moins homme ! comme disait à peu près Tartuffe, et les « amabilités » de Mme Petitbois commençaient à m'échauffer le nez.

Je faillis lui répondre assez vertement. Mais j'étais en service, à son service. Santé ou éducation c'est tout un, la règle d'or est d'oublier absolument ses humeurs personnelles. Noblesse de métier. Servitudes et grandeurs éducatives... C'est un sujet que j'ai traité ailleurs[1]... Dans ce cas précis il devenait urgent que j'introduise dans mes rapports avec Mme Petitbois un peu de bénignité, de liant, d'accortise comme le disaient si joliment nos anciens. Humour et non ironie. L'humour est humilité, légèreté, sourire de soi. L'ironie qui parfois lui emprunte ses habits est au contraire orgueil et mépris, et cherche à rire d'autrui.

– Nous allons tenter le « balancement de l'éléphant ». Vous avez sans doute déjà remarqué dans un cirque les éléphants qui se balançaient d'une patte sur l'autre interminablement, régulièrement, avec l'accompagnement doux de leur trompe ? Les ruminants, les chevaux dans leur stalle, les ours font ainsi. C'est un exercice instinctif et bienfaisant. Ces mouvements rythmés et lents activent et régularisent la circulation sanguine et lymphatique. Les muscles contractés sont massés et peu à peu s'installe un état d'équilibre et de moindre tension[2].

Je vais vous montrer :

1. Position de départ : debout tête droite, menton parallèle au sol, épaules décontractées, bonne assise du bassin que l'on projette légèrement vers l'avant. Les pieds sont parallèles à une distance de 20 à 30 centimètres.

1. *Chahuté, moi ? Jamais !*, Paris, Éd. Fleurus, 1991.
2. *Yoga des yeux*, Margaret Darts Corbett, Paris, Éd. Marabout, 1986.

2. Le mouvement : rotation du tronc (un quart de tour) vers la droite ensuite vers la gauche en levant sur la pointe le pied opposé au mouvement. Respiration bien équilibrée entre l'inspir et l'expir.

3. Commentaires : Il s'agit d'un geste très simple, qui doit être exécuté sur un tempo lent, une sorte de « valse lente ». L'important est de laisser aller sa tête, ses épaules, ses bras, de se bercer et de s'apaiser.

Je commençai de me balancer devant Mme Petitbois, j'allais de gauche à droite, de droite à gauche, mon nez que je porte assez long faisant office de trompe.

– Voyez, c'est cela le balancement de l'éléphant, dis-je en accentuant un peu mon dandinement.

Une esquisse de sourire, le premier depuis huit jours, lézarde enfin la face revêche et camuse de Mme Petitbois :

– Ah, ah ! vous êtes assez rigolo ! fait-elle.

Toute impatience bue, je glisse sur l'insupportable et sotte fatuité de Mme Petitbois, je ne m'attarde même pas au délicieux plaisir dont parle l'humoriste qui est de subir le mépris des imbéciles. Je puise en hâte au fond de ma musette d'éducateur le second condiment indispensable à tout rapport pédagogique : le respect absolu et l'amitié. L'amitié pour celui que l'on soigne ou que l'on instruit qui est désir profond de servir. Ne pas juger de la qualité de la rose, vouloir seulement qu'elle fleurisse. Je fais passer cette amitié dans mon regard. Le plus sot animal ne s'y trompe pas, et l'on ne peut tricher à ce jeu-là. Il faut vraiment aimer et s'oublier le temps que l'on enseigne. Si je dis ces choses, c'est que mon lecteur sera peut-être enseignant à son tour, il sera au moins l'éducateur de lui-même quand il entreprendra seul la grande relaxation. Il lui faudra alors s'aimer, aimer en lui les Mmes Petitbois.

Mais je reviens à mon récit.

Mon « élève » s'exerça en pouffant nerveusement au « balancement de l'éléphant ». Elle répétait :

– De quoi j'ai l'air ? Oh si mes amies me voyaient !

Je la rassurai, je la complimentai. Elle s'abandonna un peu, et commença au bout de quelques tentatives à épouser le mouvement comme une sorte de danse : un temps au départ, 2, 3 un quart de tour à gauche, 4, 5 pour revenir de face, 6, 7 quart de tour à droite, 7, 8 revenir de face, etc.

Je lui faisais prononcer ces chiffres à voix haute et claire, ce qui l'obligeait à respirer de façon un peu plus ample et régulière. Je m'assurai ensuite que son cou, ses épaules, ses bras étaient de mieux en mieux relaxés, souples, abandonnés. Puis je lui demandai de poursuivre en silence en observant sa respiration : deux temps sur l'inspir, deux temps sur l'expir. Ses yeux peu à peu cessaient de fixer les objets et retrouvaient leur état d'apaisement instinctif.

– Laissez votre corps vivre, cessez de le tourmenter, de le raidir, balancez-le, bercez-le, aimez-le.

Quand Mme Petitbois me fit un vrai sourire confiant, sans timidité, ni fausse ironie, ni tortillement de vanité, je sus qu'elle était prête.

La grande relaxation se pratique dans un endroit calme, une pièce suffisamment aérée où l'on soit certain de ne pas être dérangé pendant au moins une demi-heure. Au début, c'est le minimum. Se vêtir de façon libre, en jogging par exemple, ou justaucorps, rien qui serre à la ceinture, opprime, oppresse. Étendu à plat dos sur le sol ou sur un tapis en raphia, ou mousse, etc., réservé à cet usage, ou tout simplement sur la moquette de votre chambre, vous veillez à n'avoir ni trop chaud ni froid et vous vous installez de façon confortable, agréable, bien à plat. Mais il se peut que vous ayez besoin d'un petit coussin sous la nuque, ou sous les genoux. L'essentiel n'est pas de suivre aveuglément les consignes des manuels. Il faut que vous vous sentiez bien, vous.

Vous êtes prêt ? Pendant le temps que vous allez lui consacrer, rien d'autre n'importe que la relaxation. Vous laissez venir et s'enfuir sur l'écran de votre mental les pensées, les émotions sans vous y attacher.

« Henri, ne monte pas sur tous les chevaux qui passent ! » me disait maman, quand elle me voyait, petit garçon, m'enthousiasmer et courir après tous les nuages. Ne vous laissez pas entraîner par vos pensées. Laissez filer vos soucis, vos regrets, vos jalousies, vos colères, vos désirs, vos frustrations, vos bonheurs de paille et vos chagrins. Laissez les vagues de la surface, allez rejoindre en vous le calme des profondeurs.

Je dis souvent à mes élèves en relaxation, avec une pointe d'humour : « Ne vous inquiétez pas, vous retrouverez vos colères, vos frustrations, vos inimitiés dès que vous aurez franchi ma porte. En attendant, acceptez d'entrer dans l'oasis. Mettez-vous à l'ombre des palmiers, buvez l'eau fraîche de la source. Donnez-vous le droit de cette halte de paix ! »

Vous prenez conscience de votre respiration sans chercher à la modifier. Vous observez, c'est tout. Dans l'idéal, le souffle gonfle légèrement le ventre, écarte doucement l'accordéon des côtes, élargit la cage thoracique et vient s'épanouir jusque dans la gorge. À l'expiration, l'air s'échappe lentement comme d'un minuscule trou d'épingle dans un pneu de bicyclette. À chaque expir vous sentez le poids de votre corps que l'attraction terrestre plaque contre le sol. Vous êtes aimanté, collé à la planète Terre, qui poursuit sa course folle autour du Soleil, parmi les milliards de galaxies.

En réalité il en va souvent tout autrement. Vous constatez par exemple que votre ventre ne se gonfle pas à l'inspiration ou que la liaison ne s'effectue pas avec la respiration costale. L'obstacle est la rigidité de votre diaphragme. Cette sorte de bonnet cartilagineux qui est situé de chaque côté de l'appendice xiphoïde réalise dans un organisme sain dix-huit mouvements par minute, et son ballant est environ de huit centimètres chez les hommes, un peu moins chez les femmes. Ou bien une constriction musculaire importune bloque votre souffle au niveau de la partie haute du thorax, et vous interdit cette sensation délicieuse de la respiration complète, épanouie. Vous *n'intervenez pas*, vous observez avec patience, lucidité, bienveillance et un zeste d'humour : « Tiens ! cette respiration un peu tordue, à moitié avortée… c'est la mienne ! » Le simple impact de ce regard attentif, amical, chaleureux, gai va peu à peu transformer cette respiration maladroite et rétablir la libre circulation de l'air. Que s'est-il passé ? Votre corps que vous cessez un moment de brimer, de punir, d'étourdir de vos pensées connotées d'émotions parasitaires retrouve seul son équilibre naturel. Les crispations musculaires se dissipent. Vous respirez doucement, tranquillement, régulièrement. Et la paix s'insinue en vous.

Maintenant le véritable travail de la relaxation peut commencer. Car se relaxer exige paradoxalement un effort, un travail et une technique. Pour donner une image, le postulant à la relaxation ressemble un peu à une ménagère qui doit s'attaquer à une montagne d'assiettes sales. Il va falloir les nettoyer méticuleusement une à une. Se relaxer n'est rien autre que détendre successivement tous les muscles du corps.

LA GRANDE RELAXATION

– Madame Petitbois, dis-je avec aménité, vous êtes bien installée, le dos bien à plat ? Attention, vous ramenez doucement le menton sur le sternum de façon à étirer votre colonne vertébrale. Bien ! maintenant écartez un peu les jambes, oui moins que cela, 30, 40 centimètres environ, laissez les pieds tomber vers l'extérieur, écartez aussi les bras, pas trop, le dos des mains sur le tapis les doigts à moitié pliés, voilà, fermez les yeux.

Le ton de la voix est calme, lent, régulier

– Vous vous transportez en pensée dans votre pied gauche. Appelez par leurs noms vos muscles, les parties de votre corps que vous allez caresser de votre regard intérieur, nommez-les par leur nom scientifique ou leur nom familier, peu importe, mais soyez amicale, bienveillante, persuasive, dites-leur : relaxez-vous, mes copains, mes compagnons, mes frangins. Relaxez le gros orteil gauche, le deuxième, le troisième, le quatrième, et le petit orteil, la plante du pied et le dessus du pied, la malléole externe, faites le tour de la cheville gauche. Remontez le long de la jambe, lentement, lentement, illuminez de votre sourire l'extenseur commun des orteils, le soléaire et le jambier antérieur, attardez-vous sur le genou, faites le tour du genou dessus, dessous au creux poplité, effleurez le tendon rotulien, abordez la cuisse gauche, le quadriceps, le muscle crural et les adducteurs, visualisez votre cuisse gauche dessus dessous et l'entrecuisses avec le muscle couturier. Vous effleurez une dernière fois la jambe gauche tout entière d'une lumière douce (dorée de préférence) et vous l'abandonnez sur le sol, vous *l'oubliez* ! Passez à votre pied droit. Soyez d'une infinie patience, il faut soigneusement reprendre le même chemin à droite, le gros orteil, le deuxième, etc. À la fin de ce nouveau parcours vous confiez votre jambe droite au sol, « sans retour, sans regret, sans adresse » et vous *l'oubliez* !

« Relaxez à présent votre ventre, imaginez-le, aimez-le même si ce sentiment ne vous est pas familier et que vous ayez quelques kilos à lui reprocher, les abdominaux, les muscles transverses et le grand droit, caressez maintenant en pensée le creux de l'estomac, le plexus solaire, attardez-vous un instant, puis remontez, traitez avec douceur vos seins, l'un après l'autre, relaxez le long supinateur sur le côté gauche et le côté droit, effleurez les muscles intercostaux, détendez le grand et le petit pectoral, et vos clavicules, relaxez la gorge, respirez, sentez l'air qui monte librement et descend librement, imaginez la libre circulation de l'air dans votre ventre, votre poitrine, votre gorge débarrassés de l'étau des muscles contractés. Redescendez au niveau du coccyx, relaxez votre dos, suivez vers le haut le chemin de votre colonne vertébrale, les cinq lombaires, les douze dorsales, les sept cervicales, caressez la nuque, revenez sur la gorge, laissez votre torse s'enfoncer dans le sol, s'élargir, peser... confiez-le au sol, abandonnez-le, *oubliez-le*.

Je parle d'une voix posée, égale, calme, et je nourris ma voix d'amitié. J'éprouve réellement tandis que je parle de l'amitié, du respect, de la chaleur de cœur pour Mme Petitbois. Il ne peut en être autrement. Relaxer autrui ou se relaxer soi-même exige de façon absolue ce respect et cette bienveillance. La porte est ouverte sans cela à toutes les manipulations, et à toutes les dérives. C'est l'honneur de la relaxation, et sa vertu que de créer ce climat de paix, de sécurité affective, d'amour au sens large du terme. Je n'ai pas en temps ordinaire de sympathie pour Mme Petitbois que je trouve sotte, vaniteuse, butée et rébarbative, mais pendant la relaxation *je l'aime*. Si j'insiste sur ce point, c'est qu'il est capital. Il ne peut exister de relaxation et singulièrement de grande relaxation sans le préalable de respect et d'affection, sans un cœur élargi. Il faut y songer quand on se relaxe seul, il faut pendant un temps laisser de côté la haine familière de soi, le dégoût, le mépris de soi, cesser de se culpabiliser, et souvent de se flatter, de s'encenser qui sont les masques habiles d'un mépris caché, il faut simplement, droitement, s'aimer. C'est possible, et c'est impératif.

« Maintenant, vous allez relaxer le visage, le dessous du menton, si tendre et si sensible comme on le voit bien chez les tout-petits, câlinez vos lèvres, qu'elles soient épanouies et parallèles, détendez les muscles orbiculaires des lèvres, la langue dans la bouche qu'elle repose souple et chaude sur le fond de la bouche comme une sole sur le sable, desserrez les mâchoires, les dents doivent à peine se toucher, remontez jusqu'aux yeux, cajolez vos paupières supérieures et inférieures, ne privilégiez pas un œil, détendez symétriquement vos orbiculaires de l'œil, faites en pensée le tour des globes oculaires, redescendez le long de l'arête du nez, laissez vos narines s'élargir, passez aux tempes, lissez-les, continuez en courtisant le muscle frontal, effacez tendrement vos rides transverses qui marquent l'étonnement, les rides verticales entre les sourcils qui signent les préoccupations, l'anxiété, descendez le long de la plage des joues, qu'elles soient paisibles comme un lac.

« Caressez le front d'une brise fraîche, ôtez les tensions du crâne comme l'on enlève un béret, sentez le poids de votre tête dans les mâchoires, dans la nuque, laissez-vous aller en confiance contre le sol, *laissez-vous aller...*, oubliez pour un instant vos désirs et vos peurs, votre ego, donnez, donnez en pensée, aimez et donnez, ouvrez les mains, ouvrez vos mains...

Ma voix a baissé d'un ton, s'est faite murmure à peine mieux qu'un chuchotement...

« Et maintenant vous allez relaxer votre bras gauche, détendez votre main, le dos de la main en contact avec le tapis, caressez la paume, les doigts à demi pliés : le pouce, l'index, le médius, l'annulaire, l'auriculaire, effleurez la première phalange, la phalangine, la phalangette, faites le tour du poignet, remontez le long de l'avant-bras, lissez vos muscles : le fléchisseur propre du pouce, le petit et le grand palmaire, nichez-vous au creux du coude, faites-en le tour, remontez le long du biceps, allez coucouler à l'arrière le triceps, sentez le poids du bras tout entier sur le tapis jusqu'au deltoïde, jusqu'à l'épaule. Votre bras gauche est lourd, très lourd… vous *l'oubliez*. Au tour de votre bras droit. Commencez par la main, relaxez le dos de la main, la paume, et les doigts à demi pliés qu'il faut tous nommer : le pouce, l'index, le médius, l'annulaire, l'auriculaire, faites le tour du poignet…

À ce moment où s'achève presque le long circuit de la grande relaxation, j'ai l'habitude de jeter un bref coup d'œil sur mes « élèves » afin de mieux ajuster la reprise, le retour progressif à un état normal de conscience. Je ne l'ai pas fait avant, c'est la règle. Celui qui se relaxe a droit à votre respect absolu, et même à ne pas être gêné par votre regard. Surprise ! Mme Petitbois, paisiblement étendue, bras et mains écartés, dort sur son tapis. Elle ronfle même légèrement et je vois une fine goutte de sueur perler sur sa lèvre ombrée de poils légers. Je souris et me moque de moi-même : « Gaffeur, corniflot ! Tout ton talent de professeur de yoga, spécialiste de la relaxation, pour obtenir ce résultat ! »

C'est un échec ! Le but de la relaxation, en effet, est, au-delà de la démobilisation musculaire, du rafraîchissement nerveux et mental, de mener à cet état nouveau de conscience fait de vigilance et de détachement, où l'on aborde la paix intérieure, l'amour, où l'on se prépare à goûter un jour la saveur de l'Absolu. Mme Petitbois s'est échappée dans le sommeil. Je la vois qui ouvre les yeux, l'air étonné :

– Je crois que j'ai dormi un peu...

– Oui, dis-je, mi-figue, mi-raisin.

– Oh, je me sens bien !

Elle s'étire, bâille, remet vivement de l'ordre dans ses cheveux teints.

« Je dois être affreuse ! Enfin, le docteur avait raison, vous êtes un bon "relaxeur", je reviendrai.

– Je suis à votre disposition..., dis-je sans enthousiasme.

– C'est toujours gratuit, au moins ? questionne-t-elle, reprise par son inquiétude récurrente.

– Oui, c'est toujours gratuit. Je vous propose jeudi prochain, 18 heures...

Mme Petitbois acquiesce d'un signe de la tête, elle s'affaire, prête à partir, elle a reconquis son air habituel, méfiant, hostile, un peu moins hostile peut-être...

La relaxation d'aujourd'hui est un échec, un demi-échec ; l'apprentissage de la sérénité est une œuvre de longue haleine, de très longue patience. « La preuve, me dis-je en souriant, c'est que cette brave femme a failli te mettre en colère, toi le professionnel expérimenté ! »

La méthode, la lucidité, la persévérance, l'amour de soi et des autres et l'humour : cette grâce légère à la fois indispensable et inessentielle, épice de nos vies. Telle est la recette de la grande relaxation.

RELAXATIONS MENTALES

LA RELAXATION SECRÈTE

« Cet exercice, tel un joyau précieux, doit demeurer secret. »

Ainsi les grands Rishis[1] parlaient-ils de *Shanti-mudra* (le geste de la paix). Mon intention n'est pas d'initier le pratiquant néophyte aux complexités du *Pranayama* et à *Shanti-mudra*[2]. Mais pour avoir souvent eu recours personnellement à *Shanti* (prononcer « chânn... ti » en allongeant le son chânn...), j'en connais les bienfaits. Je n'ai pas eu le cœur d'en priver mes lecteurs et de ne pas le citer parmi les formes de relaxation privilégiée. J'en présente donc une formule très simplifiée, qui fera peut-être hurler les initiés. Pourtant j'ai gardé de *shanti* la substantifique moelle, le nu essentiel, et tel quel il reste une oasis de grâce et de paix. Un dernier mot : cette relaxation est dite « secrète » parce qu'elle ne peut renier tout à fait ses origines, parce qu'il est conseillé de ne l'utiliser qu'en privé et de n'en point parler. Elle touche à l'intime de l'être.

1. Rishis : maîtres spirituels.
2. Cf. *Pranayama* de Van Lysebeth, Flammarion.

EXERCICE

1. S'installer dans un endroit isolé

(Il m'est arrivé de ne pouvoir disposer d'un seul instant de solitude et de me réfugier deux minutes dans les toilettes pour exécuter *Shanti*.) Prendre une posture de stabilité classique[1] ou assis sur une chaise basse, l'essentiel est de garder le dos bien droit.

2. Le « geste de la paix »

1er temps :

Pointez les deux mains en direction de l'abdomen (paumes à l'intérieur). Voir p. 111.

Expirez en essayant de contracter le muscle relevateur de l'anus *(Mula Bandha)*.

2e temps :

A. Relâchez doucement le muscle relevateur de l'anus (vous dénouez *Mula Bandha*). Inspirez en laissant bomber légèrement le ventre.

Les mains s'élèvent en même temps que le souffle.

Les doigts sont toujours pointés vers le bas.

B. Le souffle atteint le plexus... Placez les doigts à l'horizontale, les mains se font face. Écartez largement l'accordéon des côtes, les mains montent régulièrement.

C. Le souffle atteint la zone claviculaire...

Vous surélevez le thorax...

1. Assis sur les talons ou en lotus, cf. figure, p. 111.

Les mains continuent leur ascension en un mouvement lent, régulier, harmonieux ; elles passent devant la gorge et le visage.

D. Votre inspiration est achevée, vous bloquez le souffle.

Les mains s'écartent, coudes légèrement repliés vous les élevez souplement au-dessus de la tête.

Les mains s'immobilisent enfin paumes tournées vers le ciel.

Le visage renversé, les yeux fermés en direction d'un soleil réel ou imaginaire... vous prononcez mentalement le mot « paix » ou « chânn... ti, ti » si vous le préférez.

Arrêtons-nous un instant sur cet instant capital. Les mains et le visage regardent vers le ciel. Le mot « paix » *(shan-ti)* envahit votre conscience. Le souffle est suspendu (ne pas excéder vingt secondes chez les débutants). *Alors* une transmutation s'opère, qui vous affranchit de vos regards habitués, touche votre « Je essentiel ». Le corps se fait prière, le corps se fait offrande, chanson accordée à la mélodie continue de l'univers.

« La poésie la plus élevée essaie de balbutier ces choses... », écrit Valéry, mais comment les articuler ? Comment décrire cet état où nous nous sentons en harmonie avec le cosmos, fragile étincelle cousine des étoiles ? Il y a dans cet état une occasion, une capacité d'Absolu. Chrétien j'y cherche mon Dieu. Mais *Shanti-mudra* ne s'attache à aucune religion, à aucune croyance, il n'impose aucune spiritualité. Il ouvre le cœur sur l'infini et chacun y met ce qui lui plaît. Pour certains d'ailleurs ce n'est qu'un geste de sérénité. Chez tous survient l'apaisement physiologique et mental, la relaxation.

E. Vous expirez en reprenant le même parcours en sens inverse. Le thorax s'abaisse, les côtes se rejoignent, le ventre se creuse. Les mains accompagnent.

CONSEILS

Cet exercice peut et doit être recommencé plusieurs fois, cinq au minimum. Cependant les débutants ont besoin de se ménager des temps de pause entre chaque exécution. Ici comme ailleurs le mieux est l'ennemi sournois du bien.

Ne pas prolonger le temps de rétention (10 à 20 secondes) au début. Ensuite procéder avec sagesse et selon ses capacités.

Cet exercice est déconseillé à ceux qui souffrent de maladies respiratoires ou de troubles cardiaques. Consulter un médecin si l'on veut à tout prix l'effectuer.

Le geste des mains est important. Il symbolise l'offrande, la communion, l'amour.

Cette relaxation est une des plus belles qui soit. Son apport tient au mystère. D'ailleurs, comme le dit la tradition, après *Shanti-mudra* (même simplifié...) toutes les paroles sont vaines. Aussi pour une fois le malicieux, qui en moi jamais tout à fait ne sommeille, a le bec cloué.

RELAXATION DU OUI

Cette relaxation est si évidente que vous allez vous écrier : « Par les cornes de Belzébuth, comment n'y ai-je pas songé plus tôt ! » Une relaxation qui n'a pas l'air d'en être une, qui n'exige ni respiration singulière ni posture compliquée. On l'exécute en marchant, en mangeant, en travaillant, debout ou couché. Je sens que vous grillez de curiosité. Écoutez d'abord comment l'idée m'est venue de vous en parler.

Un dimanche matin, je suivais la messe à la télé. Je devine que certains de mes lecteurs haussent les épaules et reniflent de mépris : « Ah c'est un catho ! » Allons, ne soyez pas racistes, manifestez à mon endroit la même tolérance que vous offririez à un juif, un musulman, un bouddhiste, un shintoïste, un animiste... Bref je regardais la messe sur mon écran de télé. Vint le moment du sermon..., ennui souvent. Cette pensée, je le sais, est un péché, mais petit péché, un minuscule, un avorton, à peine un crapoussin de péché. Donc je m'installais commodément dans mon fauteuil et m'apprêtais à ouïr résigné le prêche rituel. Le curé, un homme rude, cheveux en brosse, tête carrée, nous annonça qu'il parlerait de la liberté du chrétien. Pourquoi pas ? Et l'homélie commença...

Surprise. Le curé ne m'ennuyait pas. Ce qu'il disait, il le disait bien, sans effets de manche, sans envolées. Il parlait si juste caracolant par-dessus les haies, se jouant des pièges et des obstacles entre une citation de saint Paul, une autre de Valéry, un exemple tombant à point choisi, l'un dans les courses cyclistes, l'autre dans les spectacles de l'Opéra... le tout si bien emballé, si exactement assené que j'en étais roide stupéfait au creux de mon fauteuil, complètement subjugué et pour tout dire transi d'admiration. J'étais si bien accordé à cette homélie qu'à mon insu, doucettement, je m'endormis de *plaisir*.

Que s'était-il passé ? J'avais vécu un moment de communion parfait. Ma sensibilité, ma forme d'intelligence, mon acquis culturel étaient absolument, complètement en harmonie avec les propos que j'entendais. Là est le secret de cette relaxation originale et si simple au moins en théorie : la relaxation du « *oui* » ou de l'alliance. Alliance réussie entre le monde et nous à certains moments privilégiés de nos vies. Essayons pour y voir clair d'analyser ce phénomène. Nous fonctionnons ordinairement comme une sorte de moissonneuse-batteuse qui doit sans cesse trier la paille et le grain. La paille je jette, je garde le grain. *Non, oui, non, oui*, etc., indéfiniment. Le pull-over rouge de Martine me déplaît : non, ses cheveux noirs brillants, je prends. La crème à la vanille oui, les épinards non ! Mon collègue me sourit, oui, celui-ci a une sale tête, non !, etc. Nous sommes programmés pour trier inlassablement entre ce qui correspond ou non à nos goûts, à nos besoins, à nos plaisirs. Malheureusement, peu à peu la machine s'encrasse, s'encalmine. Voyez comme le très jeune enfant exprime avec clarté ses joies et ses peines. Nos « oui » deviennent au cours du temps des « oui » blasés, des « oui » chétifs, maigrelets, frileux... Oui, ce soleil le soir sur la mer... me convient, me plaît. Mais... j'en ai vu un bien plus éclatant l'an dernier en Grèce... Oui... mais j'ai laissé ma voiture à cinq cents mètres et je vais avoir l'ennui d'aller la chercher, etc. Réticences, regrets, ombres sur nos joies.

« Il faut savoir jouir loyalement de son être », écrivait fortement Montaigne.

Il faut savoir loyalement : accueillir, apprécier, approfondir, élargir nos moments de grâce, nos moments privilégiés, fleurir dans la corolle de nos bonheurs fugitifs, nous y « espanir ». Chaque fois nous réalisons ainsi une magnifique relaxation. On peut aller plus loin et ne pas attendre que la vie nous offre ces moments de grâce. Il faudrait les débusquer, les découvrir au creux des périodes les plus tristes, les plus rudes à traverser. Je me souviens de maman à la fin de sa vie paralysée sur son lit d'hôpital, qui me disait : « Regarde, Henri, cet oiseau qui passe dans le ciel, quel bonheur que je puisse voir encore cela... », et son visage en était ensoleillé. Soyons des goûteurs de bonheur, des obstinés guetteurs de joie.

Un jour, un jour... nous saurons adhérer même aux instants gris, assumer le malheur, dire « oui » à notre vie. Nous épouserons « la vie » aux multiples formes, toute chanson de la rivière, chaque décours du ruisseau. Nous atteindrons alors la sérénité intérieure. Nous pratiquerons pleinement la relaxation du *oui*.

L'IMAGE DU CORPS

MON CORPS EST MON PAYS

Le connaître, veiller sur lui, l'aimer sous tous ses aspects est une tâche évidente, inscrite à mon rollet. Mais il est des tâches que l'on néglige, des évidences que l'on refuse ou que l'on oublie.

Je demeure dans un petit village. Le matin je fais le tour de mon jardin et parfois des champs du Pâtis. Ensuite le café, l'épicerie, la grande rue ; je salue au passage l'église du XIIe et son clocher carré. L'après-midi, je grimpe sur la colline, je marche tout du long de l'Ormeau Morrisson, la route étroite qui domine la vallée et les chemins de vigne. Je ne vais presque jamais me promener dans la vallée de la Meaulne. Hasard... Je m'en désintéresse, je l'oublie. Heureusement, d'autres la protègent et l'aiment.

Mais au pays de mon corps ! Si je néglige mes reins ou mes hanches, si je les efface plus ou moins de ma conscience, ils vont se déliter, ou entrer en dissidence. Mon corps est un tout qui ne peut vivre que dans l'harmonie de toutes ses parties. Une amusante comédie de Ménandre, l'auteur grec que jadis tous les lycéens connaissaient, raconte l'histoire d'une bataille entre les membres et l'estomac. La conclusion était claire : les bras et les jambes ne pouvaient subsister sans l'estomac et *vice versa*. Il est indispensable que j'aie une image mentale stable et apaisée de mon corps, une image unifiée. Cela nécessite un long apprentissage. À six mois l'enfant démêle mal son propre corps de son environnement immédiat. À trois ans il se dessine encore comme un objet rond sans bras ni jambes. À six ans enfin il se représente en entier, il habite le pays de son corps. Mais c'est un pays changeant. Le corps grandit, s'épanouit, mûrit, vieillit. Il se modèle suivant les événements, les rencontres, les heurs et les malheurs, il se transforme tout le long des âges de la vie. Garder une image stable et harmonieuse de son corps est une tâche qui ne cesse jamais.

EN EXIL AU PAYS DE MON CORPS

Souvent nous sommes des exilés dans notre propre pays. Nous avons de nous-même, vous, moi, une idée boiteuse, déformée. Nous éclairons *a giorno* le visage, la poitrine ou les mains, et laissons dans l'ombre de notre mental le dos, la nuque, les reins. Nous ne sommes parfois qu'une bouche, un nez, des cheveux, un sexe... Absents de la plus grande partie de notre corps, nous poussons l'aberration jusqu'à refuser, nier le droit à l'existence à des dents mal plantées, un ventre mou ou trop gros, un orteil mal gracieux...

« Ce pied-là ? Je ne le connais pas, moi ! »

Folie. Il faut assumer notre corps, le reconnaître pour

patrie, collines et vallées, défauts et grâces. Si je renie mon corps, je me perds avec lui, et mon âme aussi. Comment faire pour habiter vraiment notre corps, cesser d'y vivre comme un étranger ? La réponse est simple à énoncer, longue et difficile parfois à mettre en œuvre. Mais il n'y a pas d'autre chemin pour accéder à l'harmonie et à la paix. Connaître son corps, dialoguer avec lui, nouer des relations d'amitié, s'intégrer au pays de son corps est la base de toute relaxation.

CONNAÎTRE SON CORPS

« Une once de pratique vaut mieux que des tonnes de théorie », dit le proverbe chinois. Écoutons-le. Pour connaître son corps il faut le regarder, le voir de l'extérieur, comme un acteur à qui l'on cesserait de s'identifier. Devenir un spectateur dans la salle, un témoin, un observateur. Dans le courant de vos activités journalières, vous vous arrêtez brusquement : stop ! Vous étiez en train de traverser à grands pas votre salon. Stop ! Ne bougez plus ! Regardez-vous ! Un pied en l'air, la tête curieusement penchée : « Tiens ! j'ai la mâchoire crispée, les sourcils froncés, et ce bras qui s'échappe, et ces épaules remontées ? Pourquoi ? » Faites le tour de votre corps, examinez-le avec lucidité et bienveillance. Souriez de tous ces mouvements inutiles ou incongrus, de ces tensions parasitaires.

– Ah mon corps, je te malmenais sottement. Je te connaissais mal !

Recommencez plusieurs fois cet exercice au cours de la journée. Il est plus efficace qu'il n'y paraît. Il vous réserve des surprises.

DIALOGUER

Le dialogue c'est la formule à la mode, la tarte à la crème de tous les apprivoisements syndicaux, éducatifs, sociaux. À juste titre. Le dialogue est la plus adroite façon d'ajuster nos comportements à autrui, nos adversaires et nos amis. Avons-nous un compagnon, un ami plus proche que notre corps ?

Passez outre la crainte du ridicule, parlez à votre corps ! Parlez à votre hanche, à votre épaule, à votre estomac...

– Il était temps que tu m'interroges ! Je suis las des pâtisseries et autres chocolats que tu enfournes dans ta bouche, pour réjouir madame la langue et flatter ses filles les papilles... Pense un peu à moi ! Je suis à bout de suc gastrique !

Dialogue, discussion, compromis. Paix, équilibre. Une mâchoire soudée se détend et sourit quand vous lui parlez. Un geste erratique et machinal, un tremblement s'apaise quand on le réintègre par le langage dans le concert, le jeu du corps tout entier. Ne me croyez pas sur parole. Essayez, vous serez étonné du résultat.

AIMER

L'amour, l'amitié font des miracles. Aimer : notre façon privilégiée d'exister. Notre corps a besoin de notre amour lucide, ferme et bienveillant à la fois. D'un amour intelligent sans parti pris, sans différences, d'un amour qui l'englobe tout entier. Nous n'aimons que des morceaux de nous-même presque détachés comme des pièces de boucherie : un sein, les fesses, un biceps ! Nous aimons volontiers ce qui nous flatte ou qui nous procure du plaisir, détestons ce qui nous dévalue ou nous fait souffrir, et restons indifférents pour tout le reste. Injustice, désordre. Danger. Il faut adopter vis-à-vis de nous-même l'attitude d'un éducateur idéal, d'une mère chaleureuse et attentive. « Chacun en a sa part et tous l'ont tout entier », disait Victor Hugo.

Vivre un corps réconcilié, c'est habiter son pays, rentrer chez soi.

« Le feu du ciel par le corps de la terre », dit l'aphorisme yogi. Notre corps est la pierre d'angle de notre âme, la racine du ciel. Il n'est pas une machine à notre service, une « guenille », mais un être vivant, digne de respect. Une certaine tradition judéo-chrétienne nous a peu préparés à adopter une attitude juste, équilibrée vis-à-vis de notre corps. Il fut souvent méprisé au cours des siècles passés. En réaction, aujourd'hui nous l'idolâtrons. Excès, qui sont les plus sûrs ennemis de notre harmonie, de notre paix. Pourtant les plus hautes cultures, les grandes religions, la chrétienne comprise, la science même nous l'enseignent : il faut tout simplement « habiter » notre corps comme l'on habite un pays. Le corps est notre première patrie.

VIVRE LE PRÉSENT

« Attention ! Attention ! Soyez présent ! » chantait l'oiseau de l'île heureuse, dont parle Aldous Huxley. L'attention posée sur la seconde fugace, le moment qui passe juste *maintenant* est le secret de cette relaxation. Non pas une attention crispée, mais souple, à la fois déterminée et sereine. Il suffit de se regarder dérouler les gestes du quotidien : se lever, s'asseoir, marcher, courir, prendre un livre... et le jeu du poignet et des doigts.

« L'âge, écrit Paul Valéry dans ses *Cahiers*, l'âge donne valeur infinie à la goutte de l'instant. » Cette phrase est datée de 1933. Le poète a soixante-deux ans, il lui reste treize années à vivre. Et vous ? Combien de temps pour jouir de la « précieuse vie humaine », goûter le présent ?

> Saisir l'Infini dans la paume de sa main
> Et l'éternité dans l'heure qui passe.
> (W. Blake)

« Chaque instant est absolu, écrit le maître zen D. T. Suzuki, vivant et doué de signification. La grenouille saute, le criquet chante, une goutte de rosée brille sur la feuille de lotus. »

– Où allons-nous ? demande le disciple.

– Nous y sommes, répond le Sage. Le but de la vie, du voyage, l'éternité sont enclos tout entiers dans ce pas que nous faisons *maintenant.*

Cette « relaxation méditation » invite à modifier notre attitude mentale, notre regard sur le monde et le temps. Nous sommes comme des toupies ivres tournant sur nous-même éperdument, ou si vous préférez une autre métaphore, nous courons affolés tels des lièvres qui entendent à leurs oreilles siffler le plomb des chasseurs. Et si nous faisions halte ? Il faut accepter juste un moment de contempler un brin d'herbe... humer la rosée de l'instant. Accepter que ce qui est soit, toucher du bout de notre âme la mystérieuse éternité du présent.

Mon propos semble obscur, relève de l'insaisissable poésie. Mais comment exprimer l'indicible ? Un discours trop clair serait un faux-semblant. Je parle d'une réalité qui ne se connaît qu'en la vivant. Essayez ! Le résultat est étonnant. Une onde bienfaisante naît au creux du plexus. On goûte une paix inconnue. Cette sensation est précaire, bientôt dissipée. Mais elle permet de se relaxer. Elle ensoleille la journée.

EXERCICE

Je propose à titre indicatif un exercice. Ce n'est qu'un point de repère. On peut l'utiliser comme préparation mentale. Ensuite la « sensation du présent » est accessible plus aisément.

Prenez une posture de stabilité : *Virjâsana, Siddhâsana,* ou *lotus* pour les familiers du yoga. Sinon asseyez-vous sur une chaise basse, les pieds posés bien à plat sur le sol ; les jambes formant un angle droit. Maintenez la colonne vertébrale aussi droite que possible (ne pas s'appuyer au dossier), la tête est en équilibre exact sur les épaules, comme une fleur sur sa tige. Les mains posées à plat sur les cuisses à la façon des statues égyptiennes. L'important est que la position adoptée permette une respiration libre et complète. Maintenant fermez les yeux, respirez calmement, régulièrement. Décontractez les épaules, tenez-vous stable et détendu. Pensez : « Je suis la *vie,* par les milliards de cellules de mon corps, je participe à la vie de l'univers. Je suis une étincelle de la *vie* juchée à la pointe exacte du temps, à cet instant du présent. Je ne me retourne pas sur le passé, je ne me projette pas dans l'avenir, je suis là *maintenant.* Je suis là, je respire, je donne et je prends, une feuille parmi les feuilles d'un même arbre immense. Émerveillez-vous de cette communion avec la vie. Vous êtes ici et maintenant la forme précieuse qu'elle prend. » Laissez votre cœur s'élargir, aimer, aimer sans mesure, infiniment.

Ouvrez les yeux. Ébrouez-vous, souriez, et reprenez sans vous hâter vos occupations.

RÉCURER LA MARE

« Récurer la mare », cette expression imagée vient de l'Inde. Elle désigne un exercice de purgation mentale qui doit aider le disciple, moine ou Sage à se débarrasser de ses *Vasanas* et *Samskaras,* les désirs, frustrations, émotions refoulées, tous les serpents lovés, les grouillements un peu trop gênants de l'inconscient et lui permettre d'accéder avec un mental apaisé à la prière et à la méditation.

Cet exercice de décrassage mental adapté et modulé peut être utilisé pour effectuer une relaxation originale et bienfaisante. Il ne s'agit pas ici d'empiéter sur le terrain protégé et balisé de la psychanalyse. Les yogis proposent une recette « empirique », son mérite est d'avoir fait ses preuves au long des siècles, et de ne présenter aucun danger.

EXERCICE

Nos anciens se purgeaient rituellement à l'automne et au printemps (j'ai personnellement de fâcheux souvenirs d'absorption d'huile de ricin, et souvenez-vous de Molière...). Les yogis se proposent de la même façon de purger l'âme. Médecine primitive qui a des vertus que nous avons oubliées. Je ne suis guère partisan des purges corporelles, peut-être ai-je tort ? Je ne suis pas assez compétent pour en juger. Mais je sais que la purgation de la psyché, de l'âme si vous voulez, est un exercice précieux, j'ai pu vérifier sa légitimité.

Depuis quelque temps vous êtes cafardeux, agressif, vous supportez plus mal les aléas de l'existence. Vous avez besoin d'un décrassage moral. Votre « mare » doit être « récurée ». Vous allez nettoyer votre esprit de sa vase, des détritus, feuilles tombées, humus, branches cassées. Au travail !

1. Remuer la vase

Laissez vos émotions, vos pensées les moins acceptables remonter à la surface. Ne faites pas de choix, laissez tout venir : « Je vieillis, je suis laid, je hais mon chien, mon voisin, ma femme... que sais-je ? » Laissez monter, laissez venir, sans intervenir, sans juger... « Je me suis conduit ici et là comme un salaud, comme un lâche. » Ne jugez pas, laissez monter la vase à la surface. Vous commencez de vous sentir mal à l'aise, la puanteur vous submerge... Ah ! c'est que vous aviez besoin d'un sérieux décrassage !

2. Courir à l'abri

Il ne s'agit pas de suffoquer, si la pestilence est trop forte, courez vous mettre moralement à l'abri. Les yogis ont répertorié en chacun de nous un refuge. Vous avez le vôtre, il faut le trouver. La tradition byzantine du désert, les maîtres soufis (musulmans) ont utilisé cette technique dite du « havre sûr ».

Voici comment vous procédez : vous imaginez que votre conscience est un point lumineux, et vous laissez divaguer ce point en vous jusqu'à ce que vous vous sentiez absolument protégé, à l'abri. (Souvent cet abri est situé à l'intérieur de votre poitrine, mais il peut être dans le ventre, etc.) Une fois installé dans votre refuge, vous mettez le nez à la fenêtre, et vous regardez passer toutes ces fumées malodorantes et traumatisantes qui montent de la vase remuée. Laissez-les venir, laissez-les partir, laissez-les se dissiper dans l'atmosphère...

3. La reconquête

Maintenant placez-vous en imagination face à la mare. Vous entreprenez la reconquête. Observez ce remuement de choses répugnantes qui vous faisaient si peur. Marchez sus aux pestilences, sus au fantômes. Vous les verrez s'enfuir, se désintégrer, disparaître au vent léger. Enhardissez-vous jusqu'à toucher de la main ce tas visqueux d'idées refoulées, ce n'était qu'un amas de feuilles pourries agglutinées sur un morceau de branche cassée. Regardez, et soyez en paix. Renouez amitié avec votre mare intérieure. Se connaître, s'accepter dans la clarté, et s'aimer tel que l'on est. La relaxation mentale est au bout de ce chemin-là.

LA PRIÈRE EST UNE RELAXATION

« La prière est une relaxation ! » Cette affirmation stupéfiante me fut assenée, il y a bien des années, dans le temple même, le saint des saints de la pensée farouche et laïque. Mes camarades de cette grande École tout éberlués se regardaient et chuchotaient entre eux : « Notre professeur est-il devenu fou ? » Celui-ci, un Gersois dont la voix sonore faisait rouler et chanter les cailloux de sa rivière natale, continuait imperturbable :

– Prier, c'est faire confiance, s'abandonner, se remettre tout entier entre les mains d'un Dieu, d'une Puissance que l'on imagine favorable.

> Le Seigneur est mon berger.
> Je ne manque de rien.
> Sur de frais ombrages il me fait reposer,
> il me mène près des eaux paisibles.
> (Psaume XXIII)

« Prier comme ici dans la Bible, ou en quelque langue, quelque religion que ce soit nous délivre de nos tensions, de nos peurs, c'est un exercice éminemment salutaire de relaxation. Je vous invite donc tous à prier, et si vous ne le pouvez en aucune religion connue, je vous recommande la prière laïque[1] !

Des rires discrets fusèrent, nous crûmes à une boutade, et l'on passa à d'autres sujets.

Il y a bien longtemps que la voix éclatante de mon vieux maître s'est évanouie aux brouillards de l'éternité. Mais devenu vieux à mon tour et moins fol ou plus sage, je sais maintenant qu'il avait raison. La prière est une relaxation et cela pour trois motifs cartésiens et un quatrième encore plus convaincant, bien que peut-être moins écoutable.

Comme j'ai l'intention de prouver mes dires avec le sourire, et par A plus B, j'ordonnerai mes arguments selon l'alphabet : A, B, C, j'ajouterai un « ε » grec, l'epsilon, le si petit, l'indicible, qui à lui seul pourtant l'emporterait si nos cœurs voulaient « écouter ».

A. LA PRIÈRE NOUS ÉQUILIBRE

L'attitude de prière n'est pas celle que l'on croit : recroquevillée, ratatinée, à genoux, prosternée, lâche, mendigoteuse, ravilie, humiliée... Je plaisante, plaisanté-je... et Nietzsche et Vigny et beaucoup croient à ces fadaises, se laissent berner par des superficialités, de captieuses apparences. En réalité la prière ne nous abaisse pas, elle nous grandit, elle nous

1. Pour ceux qui ne croient pas en Dieu, l'émerveillement devant la beauté du monde, la foi dans le destin de l'homme, le sentiment d'appartenir à l'univers, la compassion, l'amour partagé, la vie acceptée, l'interrogation du silence... sont des formes de prière laïque.

redresse, nous soulève hors de nous-même, elle fait de nous la mer au plus haut de sa vague, la colline, la montagne quand la terre se hausse jusqu'au ciel. Du *Muladhara-chakra* à la pointe du sacrum, notre racine, jusqu'au *Brahmachakra* au sommet du crâne, qui ouvre sur l'infini, du lotus aux quatre pétales rouges, au lotus blanc aux mille pétales, notre corps s'organise avec l'âme, notre vie prend sens quand nous nous tournons vers la transcendance. Prier accorde ensemble les muscles et le cœur et l'esprit. Chaque pièce de nous, chaque instrument trouve sa juste place, comme un orchestre, avant de jouer, harmonise violons, altos, et basses. Prier remet l'homme d'aplomb et le ciel en sa place. Cette mise en équilibre nous facilite la relaxation.

B. PRIER C'EST RESPIRER AVEC DIEU

Si l'on y réfléchit, prier c'est accorder son souffle au Souffle de Dieu :

– Seigneur, je me vide de mes idées, de mes projets, de mes peurs, de mes remords, de l'angoisse d'être homme ; sur l'expiration je m'abandonne... Seigneur, je me remplis de Ta force, de Ta lumière, de Ta paix, de Ton amour. Sur l'inspiration je reçois... À chaque expir, je donne. À chaque inspir, je reçois... Je donne, je reçois, je donne et je reçois... je me vide et me remplis de Toi Seigneur, je donne, je reçois, je donne et je reçois : expir, inspir, expir, inspir... et le mouvement prend son rythme, et le chant du souffle m'emplit de paix. La prière est un chemin de sérénité.

La prière alliée au souffle est une relaxation.

REMARQUE : On se heurte parfois à une difficulté. Les personnes trop angoissées ou trop frustrées ne peuvent pas facilement accepter de commencer par donner, abandonner sans avoir d'abord un peu reçu. Il faut alors en un premier temps inverser le mouvement respiratoire : débuter par l'inspir. Graduellement on retrouve le mouvement prescrit : expir, inspir.

C. LA PAIX DU CŒUR

La prière est un acte d'amour. Prier engage le cœur. Toutes les grandes traditions mystiques ont privilégié la « voie du cœur » : les bouddhistes (le *Samâdhi* est atteint grâce à *Samadarshan* : le cœur équanime), les juifs *(hassidisme)*, les musulmans *(soufisme)*, les chrétiens : la *via purgativa* : la voie du cœur purifié. Et peut-on concevoir une prière laïque sans un cœur débarrassé de ses rancœurs, de ses violences ? Amour, cœur... il ne faut pas entendre ces mots dans leur sens habituel. Les mots ici sont piégés. La prière appelle un « amour » sans haine, ni crainte, ni frustration, ni jalousie, ni colère. Elle demande un cœur « purifié », un cœur qui dit « oui », un chenal d'eau vive, une flaque de ciel bleu. La prière chante la paix du cœur, cette paix dont l'Évangile nous dit qu'elle « dépasse tout entendement ». La paix du cœur est une relaxation.

ε. LE SILENCE

La prière commence par des supplications, des implorations, des cris, elle se termine par le silence, la communion du silence. La prière est une rivière, et, quel que soit son cours, ses écluses : l'intérêt, la révolte, la peur, et puis l'équilibre conquis, la respiration, la paisibilité du cœur, la confiance, l'Amour... son embouchure est toujours au silence. Tout se tait en nous, et même les rouages du corps se huilent de silence. La prière se fait écoute.

La prière est une oasis de silence.

*
* *

Chaque génération caracole aux jours de sa jeunesse, et commet, sous des cieux qu'elle croit nouveaux, les immuables sottises. Mais quand l'ombre gagne, que son tour vient de quitter la journée, elle voudrait confier le peu que lui ont appris les années, transmettre le message, ces deux ou trois secrets, qui rendent moins tragique la vie, évitent les erreurs coûteuses, taillent un peu la friche du chemin. Sans illusion excessive mais avec un amour tenace, j'ai essayé. Parlant de relaxation, j'ai donné implicitement des conseils à vivre. Avoir pour cible le Bonheur, « décider d'être heureux » c'est la seule attitude raisonnable face à la vie. Ne vous récriez pas que cela, que ceci... je sais, je sais. Mais plus souvent qu'on ne le croit c'est un choix.

Pour atteindre ce but, hors le courage, deux moyens : le premier, faire la paix en soi, accorder sa guitare, corps, esprit, imaginaire, et à la semblance des musiciens, qui avant chaque concert accordent leurs instruments, recommencer tout au long de la vie (en se relaxant, par exemple). Je ne dis pas une fois mais soixante-dix fois sept fois. Le second moyen est le mieux connu : « aimer », aimer est le grand secret, la pierre d'angle. S'aimer soi est le plus difficile, qui que l'on soit, s'aimer sans tricher, sans barguigner et par ce chemin de lucide bienveillance aimer les autres autant que soi. Dans ce livre j'ai souvent effleuré les choses essentielles en souriant, zippant, zappant. J'ai cuisiné léger. Je voulais que me goûtent, et m'écoutent, tous ceux de mon époque distraite peu enclins à digérer tout crus les grands principes, et dont les oreilles ont gagné au fracas des radios, des télés, de stupéfiantes callosités. Il me fallait aussi la grâce de l'humour pour suggérer sans choquer ni blesser que la plus haute Sagesse, l'amour même de Dieu sont graines encloses dans une modeste relaxation de la langue, des sourcils, ou des épaules.

POSTFACE

En notre temps les gourous pullulent, avides de grouper autour d'eux des disciples dociles et toujours à l'affût de secrètes doctrines. Dans cette acception du terme, Henri Brunel est à l'opposé d'un gourou, car s'il aime donner aux autres cette flamme qui l'habite, l'Espérance, c'est bien pour développer en eux le goût et l'usage de la *liberté*. Ses précédents ouvrages nous enseignent la sérénité vis-à-vis des mille tracas quotidiens et nous invitent à regarder, de tous nos yeux, la nature, les oiseaux, les nuages, les fleurs et les arbres. Un rien le fait prier et s'ouvrir au souffle si déconcertant de l'Esprit. Pour le chrétien, l'Évangile est le livre de vie, de la vie de tous les jours, monotone quelquefois, mais toujours attirante comme un fruit mûr. Vous l'avez compris, cet ouvrage sur la relaxation est bien plus qu'un livre de cuisine proposant vingt-deux recettes « efficaces et goûteuses ». En fait, s'il offre à chacun le moyen de mieux se connaître et de s'accepter « corps et âme », il dévoile aussi le secret de l'excellent cuisinier qui l'a composé.

L'esprit de notre monde est un esprit de tempête, d'orage, de stress permanent agitant tous les désirs de notre cœur attaché au paraître, à la glorification du moi ou à la volonté de puissance. Toujours à la poursuite de la réussite, des honneurs et de l'argent, c'est un maître cruel n'ayant de cesse de nous transformer en esclave.

Henri Brunel est un homme libre, voulant nous rendre libre, et il le dit bien haut, il le crie même, se rappelant ce qu'écrivait Shakespeare au second acte de *Roméo et Juliette* : « L'esclavage a la voix enrouée et ne peut parler haut ! » Se relaxer c'est tout d'abord dominer son esprit et son corps pour mieux les utiliser, c'est ensuite se rendre libre pour écouter à travers le vent les murmures d'une parole prononcée depuis le début du monde. Ne pas se laisser ballotter au gré des courants, n'est-ce pas là Sagesse immémoriale ? Certes son acquisition réclame un effort, une contrainte, une ascèse, mais, dit Salomon : « Méditer sur elle est la perfection de l'intelligence, et qui veille à cause d'elle sera vite exempt de tout souci. »

Les propos de l'auteur sont toujours salés par un humour qui les prolonge et les enrichit. Nous ne restons pas seuls devant nos recettes, il est avec nous, il nous rassure comme celui qui vous offre son bras pour traverser la route. Henri Brunel n'ignore rien des multiples visages de la relaxation utilisée il y a encore peu de temps comme thérapie. Si la méthode de Shultz vise à la décontraction musculaire en utilisant la suggestion verbale, celle de Jacobson propose une orientation plus physiologique et plus mécaniste. Mais toutes les méthodes réclament un apprentissage rigoureux, un travail régulier, et visent explicitement ou implicitement une intériorisation psychique. En fin de compte dans quel but ? Comme l'écrivait Laborit à la dernière ligne de *La Nouvelle Grille* : « À quoi ça sert ? » À la réalisation de son être ? Aimable formule dissimulant les triomphes de l'ego. Certes, toutes les techniques de réussite sociale ou financière prônent ces méthodes. N'est-ce pas là retomber dans la prison dorée dont on avait cru s'échapper ?

L'auteur veut nous introduire dans un monde où l'amour de l'autre devient la règle fondamentale, où la source jaillissante s'offre à tous ceux qui désirent en boire. Les « relaxations locales » en nous faisant prendre conscience de notre corps nous réconcilient avec lui et l'empêchent de « parler » sans notre accord, car y a-t-il plus tyran qu'un corps revendiquant dans son langage ses propres désirs et sa propre folie ? En prônant les « relaxations générales et mentales », on croit entendre le mystique anglais Augustin Baker, et chacun sait que les Anglais sont « pragmatiques » : « La dévotion sensible, qui prend sa source dans le corps ou les organes sensibles du corps n'est pas du tout aussi profitable à l'âme ni aussi libre de tout danger pour la santé, que la dévotion corporelle ou sensible, qui prend sa source dans l'esprit et de là descend dans le corps. » Et Henri Brunel nous répète que c'est la paix de l'esprit qui donne la paix au corps et non le contraire. Il ne cache pas d'ailleurs son admiration pour les Sagesses millénaires de l'Inde ou de la Chine. Que ce soit dans « Relaxation debout », ou « En promenade » ou dans cette forme si originale de la « Relaxation secrète », il privilégie le *nous* par rapport au *je*, et s'appuie sur la « relaxation » et non plus sur l'individu. Nous sommes en relation avec le groupe humain, avec la Nature, avec le Cosmos. Cet ouvrage n'est certes pas destiné aux seuls croyants, mais il ouvre une voie vers la prière, sur la relation qui transfigure. Dans « Relaxation des cinq sens » notre « thérapeute », loin de fermer nos cœurs pour mieux se concentrer en une intériorité dangereuse, suscite une lucidité vis-à-vis d'un réel, qu'on ne peut appréhender que par les sens. Il purifie notre « conscience de soi », il l'approfondit jusqu'à la perception subtile du « Je essentiel », au-delà de toutes les attaches et des prisons de l'ego. Alors devient possible l'expérience de l'Absolu.

Merci, ami, de ces « recettes de relaxation », ce sont des recettes de bonheur, car aimer, dites-vous, est le grand secret. Cher ami Brunel, vous nous avez donné du beau, du bon, du vrai. Merci d'avoir fait l'effort d'écrire vos recettes, de nous livrer ainsi votre cœur, un cœur si désireux de partager avec d'autres. « Relaxez-vous », c'est le secret de la Sagesse... et de la confiance, la vraie, celle qui n'est qu'intimité...

Docteur CUVELIER
Psychiatre de l'École hypnologique de Nancy
Cofondateur de la Sophrologie

TABLE

Relaxations express

Relaxations aléatoires

Relaxations escargotes

PRÉLUDE, *9*

UNE APPROCHE ORIGINALE DE LA RELAXATION, *13*

Express ou escargotes ? 22

Tableau des vingt-deux relaxations 24

RELAXATIONS LOCALES, *25*

Relaxation de la langue 27

« Une » relaxation des yeux 30

La relaxation des épaules 32

La danse des sourcils 37

La relaxation des lèvres 40

La relaxation du palming 44

La boule œsophagienne 48

Relaxer... les oreilles ! 51

RELAXATIONS GÉNÉRALES, *59*

Le rire 61

Relaxation en promenade 65

Relaxation et respiration 68

La relaxation en voiture 70

Se relaxer... debout ! 74

La relaxation du geste 78

La relaxation des cinq sens 82

La grande relaxation 90

RELAXATIONS MENTALES, *105*

La relaxation secrète 107

Relaxation du oui 112

L'image du corps 115

Vivre le présent 120

Récurer la mare 123

La prière est une relaxation 126

POSTFACE, *133*

RÉALISATION : PAO ÉDITIONS DU SEUIL
IMPRESSION : NORMANDIE ROTO IMPRESSION S.A. À LONRAI (5-2001)
DÉPÔT LÉGAL : OCTOBRE 1996. N° 30008-4 (011126)